TANGRAM

studio dumont

DuMont's Kopf-Zerbrecher

Het oude Chinese vormenspel

TANGRAM

Das alte chinesische Formenspiel

Joost Elffers

Eine Schuyt und Elffers Produktion

DuMont Buchverlag Köln

Produktion: Studio Schuyt en Elffers, Amsterdam;
Frans Hendriks (Zeichnungen und allgemeine Assistenz),
Paul Enneking und Thys Quispel (Assistenten),
Steven Mossel (Archiv), Michael Schuyt (Fotografie)

Auf dem Umschlag:
›Der Kopfzerbrecher‹, Sammlung Groninger Museum, Holland

Op het omslag:
›Der Kopfzerbrecher‹, verzameling Groninger museum, Holland

Druck und buchbinderische Verarbeitung Boss Druck, Kleve

Printed in Germany ISBN 3-7701-0731-4

Inhalt

Inhoud

Tangram

Ein chinesisches Formenspiel

Legepuzzles waren zu allen Zeiten beliebt. Schon zwei- oder dreijährige Kinder versuchen, die einfachen Teilchen ihres ersten Puzzles richtig zusammenzufügen. Vier- oder Fünfjährigen kann man schon schwierigere Puzzlespiele in die Hand geben. Dabei kommt es darauf an, ein Bild, das in 30 bis 100 unregelmäßige Teile zerschnitten wurde, wieder zu einem Ganzen zu fügen. Alle anderen Legepuzzles unterscheiden sich davon nicht in ihrem Charakter, wenn sie auch, der jeweiligen Altersstufe angemessen, immer schwieriger werden mögen: Stets geht es darum, Teilstückchen zu einem Ganzen zusammenzusetzen. Natürlich sind nun die Details, im Unterschied zum Kleinkinderpuzzle, schwieriger erkennbar, und das Spiel besteht aus einer viel größeren Anzahl von Puzzleteilen; es können 2000 oder sogar 15 000 sein. Es besteht also kein wesentlicher Unterschied zwischen Kinderpuzzles und Erwachsenenpuzzles. Die größere Anzahl der Teile mag mehr Mühe verursachen, das eigentliche Problem bleibt unverändert: das Ineinanderpassen der unregelmäßigen Formen. Ein komplizierteres Bild ist lediglich ein stärkerer Anreiz zum Weitermachen. Trotzdem gibt man sich gern der Täuschung hin, die Vielzahl der Teile mache das Spiel schwieriger. Dabei läßt sich eine größere Schwierigkeit auf ganz andere Weise erzielen.

Auch das chinesische Tangram ist ein Legepuzzle, aber sein Charakter ist anders als der der europäischen Puzzlespiele. Weder nimmt die Anzahl der Teile des

Tangram

Een Chinees vormenspel

Legpuzzels zijn altijd zeer geliefd. Al op twee of driejarige leeftijd krijgen de peuters hun eerste puzzel en proberen het goede figuurtje in het goede hokje te passen. De kleuters krijgen op vier of vijfjarige leeftijd al veel moeilijkere puzzels, die ook een iets ander karakter hebben. Ze moeten proberen om een afbeelding, die in ongeveer 30 à 100 kronkelige stukjes is geknipt, weer tot een geheel te vormen. Het is merkwaardig dat het karakter van de legpuzzels daarna niet meer verandert, want ook op vijftig of tachtigjarige leeftijd moeten nog steeds kronkelige stukjes aan elkaar worden gepast. De enige verschillen met de kleuterpuzzels zijn, dat de voorstellingen moeilijker herkenbaar worden, met bijvoorbeeld grote stukken lucht of zee, en dat het aantal stukjes drastisch is verhoogd, van 2000 tot zelfs 15 000. De puzzels van de kleuters zijn dus in wezen niet eenvoudiger dan die van de volwassenen, want het verhogen van het aantal puzzelstukjes is slechts een verwarring brengende factor, die niets verandert aan het wezenlijke probleem, namelijk het in elkaar passen van kronkelige vormen. Ook het ingewikkeld maken van de afbeelding verandert niets, want de mooie plaat is slechts een hulpmiddel en een aantrekkelijke stimulans om door te gaan. Niettemin wordt de moeilijkheid hier gezocht in veelheid. Het kan ook anders.

Het Chinese tangram is ook een legpuzzel, maar met een ander karakter dan de europese puzzels. De stukjes van het tangram zullen nooit in aantal toe-

Tangram jemals zu, noch ändern sich seine Formen. Das Tangram oder Siebenbrett besteht aus sieben Steinen, den Basisformen; sie sind durch Unterteilung eines Vierecks entstanden. Es ist also möglich, aus den Formen des Tangram ein Viereck zu legen. Die Abbildung zeigt, auf welche Weise die sieben Teile dazu aneinandergefügt werden müssen. Ohne die Abbildung wäre das jedoch ziemlich schwierig. Hiermit sind wir schon beim Sinn des Tangram: aus sieben Formen bestimmte geometrische Figuren zu legen, ein Viereck oder ein Dreieck, ein Parallelogramm, ein Trapez oder was auch immer.

Auch figürliche Darstellungen können damit gelegt werden: laufende, sitzende, fallende, spielende, tanzende, stehende oder trinkende menschliche Figuren, liegende oder schwimmende Fische, Katzen, Schweine, aber auch Brücken, Schiffe, Häuser, Speerspitzen oder Pistolen.

nemen, noch in vorm veranderen. Het tangram of zevenbord bestaat uit zeven stukjes, de basisvormen of kortweg vormen genoemd. Deze vormen zijn onstaan door een vierkant op een speciale manier te versnijden. Zie hiervoor de figuur.

Het is dus mogelijk om uit de vormen van het tangram een vierkant te leggen. Nu staat in deze figuur getekend op welke manier de zeven stukjes samen een vierkant vormen, maar als dat niet gegeven was, dan zou het nog een heel probleem zijn om met dèze zeven

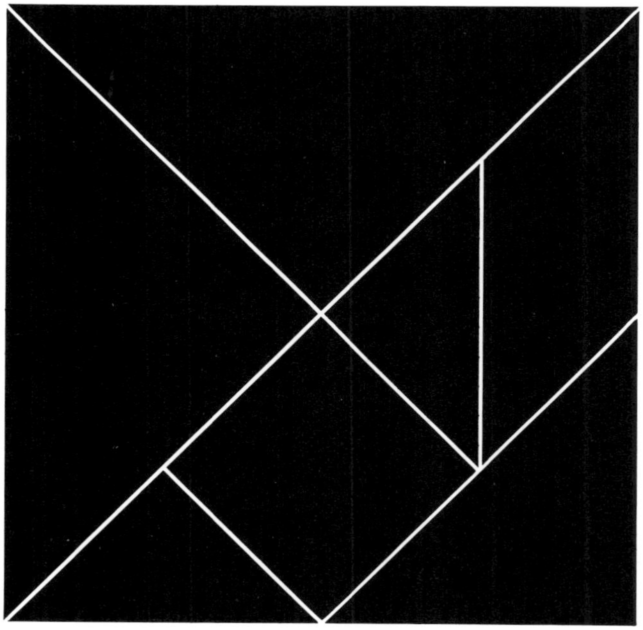

gegeven vormen een vierkant te leggen. Hier zijn we aangeland bij het doel van het tangram. De bedoeling van het tangram is om uit de zeven vormen bepaalde figuren te leggen. Dit hoeft niet slechts een vierkant te zijn, een driehoek, een paralellogram, een trapezium of wat voor geometrisch figuur dan ook; met de vormen van het tangram kunnen ook figuratieve voorstellingen worden gelegd: rennende, zittende, vallen-

Das Buch enthält ungefähr 1600 verschiedene Abbildungen von Figuren, die alle aus dem Tangram gelegt worden sind. Davon wurden 750 von den Autoren gefunden, die übrigen stammen aus alten chinesischen oder europäischen Quellen.

Bei den Chinesen heißt das Tangram ›Weisheitsbrett‹ oder ›Sieben-Schlau-Brett‹. Beide Namen sind zutreffend, denn ohne etwas Überlegung und eine gewisse Intelligenz kann man es nicht spielen. Das Buch stellt Ihnen Aufgaben. Es wird Sie manches Kopfzerbrechen kosten, die Figuren nachzulegen, manchmal werden Sie auch denken: »Das geht nicht, das ist unmöglich, diese Figur kann man nicht aus dem Tangram legen.« Dann fangen Sie mit einer anderen Figur an, und auch diese gelingt nicht so recht, bis Sie plötzlich entdecken, daß Sie ganz zufällig die Figur gelegt haben, von der Sie gerade noch dachten, es wäre unmöglich. Die in diesem Buch gestellten Aufgaben sind alle lösbar. Am Ende des Buches finden Sie die Auflösung zu jeder Aufgabe. Sie können sich also kontrollieren.

Da das Tangram ein Spiel ist, hat es auch Spielregeln. Es sind nicht viele, und sie sind eigentlich so selbstverständlich, daß man sie einfach als Eigenschaften des Spiels bezeichnen kann. Eine solche Regel, gegen die im Laufe der Zeit immer wieder verstoßen wurde, an die die Autoren dieses Buches sich jedoch strikt gehalten haben, ist, daß jede Figur aus allen sieben Formen gelegt werden muß, nicht aus mehr und nicht aus weniger – immer aus denselben feststehenden Formen.

Außerdem ist das Tangram ein planimetrisches Spiel. Manche mögen das unzulänglich finden und nach dreidimensionalen Erweiterungen suchen, indem sie die flachen Steine senkrecht stellen oder schräg gegeneinander lehnen, wie ein Kartenhäuschen. Andere legen die Steine vielleicht übereinander, so daß ein Relief-Effekt entsteht, wobei die Steine einander ganz oder teilweise verdecken. Damit wird das Spiel jedoch kaum bereichert.

de, spelende, dansende, staande of theedrinkende mannetjes of vrouwtjes, vliegende of zwemmende vissen, katten, biggen, vissen en alle andere denkbare dieren, ook bruggen, boten, huizen, speerpunten en pistolen.

In dit boek vindt u ongeveer 1600 verschillende figuren, die allemaal uit het tangram zijn gelegd. Van deze figuren zijn er 750 door de samenstellers nieuw gevormd, de overigen zijn overgenomen uit oude Chinese en Europese bronnen.

De Chinezen noemen het tangram wijsheidsbord of zevenslimbord. Beide namen zijn zeer toepasselijk want enig overleg en ook een zekere slimheid zijn zeker geboden. Om uw slimheid op de proef te stellen wordt dit boek voorgesteld als een problemenboek. Het zal u dikwijls heel wat hoofdbrekens kosten om de problemen op te lossen, dat wil zeggen om de figuren na te leggen. Een enkele keer is het eenvoudig, maar soms denkt u: »Dat kan niet, dit is ommogelijk, deze figuur kan niet uit het tangram worden gelegd.«

En dan begint u aan een nieuwe figuur en die lukt ook al niet zo best, maar opeens ontdekt u, dat u bij toeval de figuur gelegd heeft, waarvan u zoëven dacht dat die niet kon. De in dit boek gestelde problemen zijn allemaal oplosbaar. Dat kunt u controleren door achter in het boek te kijken, waar van ieder probleem de oplossing gegeven is.

Omdat het tangram een spel is, heeft het ook een aantal spelregels. Dat zijn er niet veel, en ze zijn ook zo vanzelfsprekend, dat het misschien beter is om van eigenschappen te spreken.

Een regel of eigenschap, waar in de loop van de geschiedenis wel eens tegen gezondigd is, maar waar de samenstellers van dit boek zich streng aan hebben gehouden, is dat iedere figuur steeds met de zeven vormen moet worden gelegd. Nooit meer en nooit minder. En altijd dezelfde gegeven vormen.

Bovendien is het tangram een planimetrische puzzel. Sommigen vinden dit misschien een tekort en zoe-

Die Steine dieses Buches sind flach, genau wie die Seiten, auf denen die Abbildungen wiedergegeben sind. Die Figuren erscheinen immer in ihrer Totalität, so daß sie vollkommen zu ihrem Recht kommen und der endgültigen Figur durch ihr Zusammenspiel eine neue, kräftige Form geben. Das Tangram ist ein Spiel mit einer bestimmten Anzahl einfacher geometrischer Formen, gemäß der alten Regel: In der Beschränkung zeigt sich der Meister.

Wie das Tangram ansonsten gespielt wird, unterliegt ganz dem freien Willen des Spielers. Sie können es allein oder zusammen mit anderen spielen. Designer mögen es als Hilfe beim Entwerfen von Handelsmarken oder Signets benutzen. Möglicherweise erkennt man auch den erzieherischen Wert des Tangram als Konzentrationsübung oder zur Schulung des Formverständnisses und nimmt es ins Unterrichtsprogramm auf. Tangram kann für unterschiedlichste Disziplinen verwendet werden, vom einfachen Puzzlespiel bis zum psychologischen Test. Es behält dabei immer seinen eigenen Charakter.

Sollte man den Figuren, die man aus den einzelnen Steinen legt, einen Namen geben? In dem chinesischen Beispielbüchlein steht unter jeder einzelnen Abbildung, was sie darstellt: einen ›Korb‹, eine ›Schachtel‹, eine ›Lilie‹. Die europäischen Bücher verzichten darauf. Auch unser Buch tut es. Jeder kann ja die Figuren selbst benennen. Freilich können die Figuren, wenn sie feststehende Bezeichnungen haben, als eine Art Zeichensprache fungieren. Der holländische Schriftsteller Robert van Gulik läßt in seinem Richter Tie-Roman ›The Chinese Nailmurders‹ (holl. Ausgabe: ›Nagels in Ning-tsjo‹, 's-Gravenhage 1960) einen kleinen Jungen auftreten, der nicht sprechen kann. Wenn Gesten nicht genügen, legt er Figuren aus dem Tangram, um deutlichzumachen, was er meint. Am Ende des Romans dient eine aus dem Tangram gelegte Figur als Schlüssel zur Lösung des Verbrechens. Außer Robert van Gulik fanden auch Dichter wie Dean Swift, Henry

ken naar driedimensionale uitbreiding, proberen de platte vormen rechtop te zetten of schuin tegen elkaar aan te laten leunen, als een huisje met wankele muren. Ook leggen sommigen de vormen over elkaar heen, zodat een reliëfwerking ontstaat en de vormen elkaar geheel of gedeeltelijk bedekken. Dergelijke uitbreidingen houden meestal geen verrijking in. De figuren in dit boek zijn net zo plat als de bladzijden waar ze op staan. Bovendien worden de vormen altijd in hun totaliteit getoond, zodat ze volledig tot hun recht komen en in hun samenspel aan iedere figuur opnieuw de krachtige vorm geven. Zo is het tangram een spel met een aantal eenvoudige geometrische vormen, geheel beantwoordend aan een oude eis die zegt: in de beperking toont zich de meester. Hoe het tangram verder moet worden gespeeld, is een zaak die geheel aan de vrije wil van de gebruiker wordt overgelaten. U kunt dat in eenzame afzondering doen, maar ook als groepsspel. Misschien zullen ontwerpers het gebruiken als hulpmiddel voor het ontwerpen van handelsmerken of herkenningstekens. Wellicht ziet u zo'n grote educatieve waarde in het tangram, als een oefening voor de concentratie en ter verbetering van het vormbegrip, dat u het opneemt in het lespakket. Het is onmogelijk om van te voren vast te stellen dat het tangram wel bedoeld is voor het één maar niet voor het ander. Of, beter gezegd, het tangram kan voor verschillende disciplines worden gebruikt, van een eenvoudig puzzeltje tot een psychologische test. Daarbij behoudt het steeds een eigen karakter.

Het is ook moeilijk te zeggen of aan de figuren een naam moet worden gegeven. In de Chinese voorbeeldenboekjes staat bij iedere figuur afzonderlijk wat hij voorstelt, bij voorbeeld ›een mand‹, ›een doos‹, of ›een lelie‹. In de Europese boekjes wordt dit nooit gedaan. Ook niet in dit boek, want de samenstellers gaan ervan uit dat de voorstellingen door iedereen persoonlijk benoemd mogen worden. Niettemin kunnen de figuren, als er een betekenis aan wordt toegekend, een

James, Lewis Caroll und Sam Loyd ihre Inspiration im Tangram.

Wahrscheinlich werden Sie, wenn Sie mit dem Tangram gespielt haben, nicht sofort zur Feder greifen und ein Sonett schreiben oder einen Top-Hit komponieren, aber das wunderliche Formenspiel wird Sie ganz gewiß faszinieren. Ihr Vorstellungsvermögen wird erweitert, Ihre Phantasie bereichert.

Dieses Buch ist ein Bild-Buch. Im Mittelpunkt stehen die Figuren. Eine ausführliche Einleitung halten die Autoren nicht für nötig. Das Tangram selbst ist die wichtigste Informationsquelle.

zekere communicatieve functie krijgen. De Nederlandse auteur Robert van Gulik laat in zijn Rechter Tie-roman ›The Chinese Nailmurders‹ (Nagels in Ning-tsjo, 's-Gravenhage 1960) een jongetje optreden, dat niet kan spreken, maar als gebaren hem te kort schieten, legt hij figuren uit het tangram om duidelijk te maken wat hij bedoelt. Op het eind van deze roman blijkt een uit het tangram gelegde figuur de sleutel te vormen voor het oplossen van een misdaad. Behalve Robert van Gulik vonden ook de dichters Dean Swift, Henry James, Lewis Caroll en Sam Loyd hun inspiratie bij het tangram. Waarschijnlijk zult u, als u met het tangram hebt zitten puzzelen, niet direkt de pen grijpen voor het vervaardigen van een sonnet of het componeren van een tophit, maar het wonderlijke vormenspel zal u zeker fascineren. Uw voorstellingsvermogen wordt vergroot, uw fantasie verrijkt. Dit boek is een beeld-boek, de figuren zoals ze hier zijn afgebeeld staan centraal. Een uitvoeriger inleiding achten de samenstellers niet nodig, want het tangram is zelf de belangrijkste informatiebron.

Das Quadrat

Das *Quadrat* ist so hoch und so breit wie ein Mensch mit ausgebreiteten Armen.

Das *Quadrat* steht in den ältesten Schriften und Felsinschriften für Eingesperrtsein, Behausung, Niederlassung.

Das *Quadrat* hat mit seinen Strukturmöglichkeiten Künstlern und Architekten aller Zeiten und Stilrichtungen ein ebenmäßiges Gerüst geboten, auf dem sich eine künstlerische Konstruktion aufbauen läßt; deshalb findet man durch die Jahrhunderte in allen Stilrichtungen bei allen Völkern das *Quadrat*.

In der Natur kommt das *Quadrat* in zahlreichen Mineralien vor.

Het vierkant

Het *vierkant* is zo hoog en zo breed als een mens met uitgestrekte armen.

Het *vierkant* geeft in de oudste geschriften en in rotsinscripties van de eerste mensen de gedachte aan van opsluiting, van woning, van nederzetting.

Het *vierkant* heeft met zijn struktuurmogelijkheden kunstenaars en architekten van alle tijden en stijlen geholpen door een harmonieus skelet te bieden waarop een artistieke konstruktie gemaakt kan worden; daarom is het aanwezig in alle stijlen van alle volkeren in alle tijden.

In de natuur vindt men het *vierkant* in talrijke mineralen.

Das Quadrat ist abänderbar in Dreiecke und Rechtecke, einfach, indem man es zerschneidet und die Teile anders kombiniert.

Das *Quadrat* hatte, so glaubte man in vergangenen Zeiten, die Kraft, vor Unheil zu schützen.

Das *Quadrat* bildet die Grundlage für viele alte Spiele, die es jetzt noch gibt, wie das Schach- und Damespiel.

Nach einem chinesischen Sprichwort ist die Unendlichkeit ein *Quadrat* ohne Ecken.

Das *Quadrat* ist die reinste Form einer Fläche, in sich vollkommen; alle anderen Vierecke sind Rechtecke, die in der Form durch Unterschiede in Höhe und Breite abweichen.

In der chinesischen Kultur (Östchin. Dynastie, 316 bis 420 n. Chr.) perfektionierte der Kalligraph Wang Hsi Chih die chinesischen Schriftzeichen, indem er ihnen ihre schöne quadratische Form verlieh.

Die chinesische Zerteilung des *Quadrats* – wie z. B. das Tangram – bildet durch Umgruppierung seiner Elemente viele Hunderte von figurativen und abstrakten Formen.

Durch eine stets andere Anordnung derselben Formeinheiten versucht das Tangram, die Form selbst aufzuheben.

Ausgehend vom statischen und in sich ruhenden *Quadrat* ist eine Entwicklung zu einer endlosen Bewegung möglich; durch das unablässige Zusammenspiel der Elemente, die also ihre eigene Unbeweglichkeit aufheben, könnte das Tangram auch für die Philosophie, die Pädagogik, die Psychologie, die Ästhetik von Interesse sein.

Wenn diese verschiedenen Gebiete der Wissenschaft – eventuell miteinander verknüpft – sich mit den Möglichkeiten dieses Tangram-Spiels befassen würden, erschlössen sich neue Horizonte, so faszinierend, daß der Verfasser dieses Buches mit gespannter Erwartung weiteren Untersuchungen für die Anwendungsmöglichkeiten des Tangrams entgegensieht.

Het *vierkant* kan veranderen in driehoeken en rechthoeken eenvoudig door versnijding en door hergroepering.

Het *vierkant* had in vroeger tijden de macht tegen rampen te beschermen.

Het *vierkant* vormt de basis voor veel oude spelen die tegenwoordig nog bestaan, zoals schaken en dammen.

Volgens een oud Chinees gezegde is de oneindigheid een vierkant zonder hoeken.

»Het *vierkant* is de meest zuivere vorm van een ruimte-idee, kompleet in zich zelf; alle andere rechthoeken zijn vierkanten die afwijken van de norm door uitbreiding van de hoogte of de breedte.«

In diezelfde oude Chinese kultuur (Oost Chin dynastie, 316–420 n. C.) perfektionneert de calligraaf Wang Hsi-Chih de chinese karakters door ze hun fraaie vierkante vorm te geven.

De Chinese versnijding van een *vierkant* – zoals bijv. het tangram – vormt door hergroeperingen van zijn elementen vele honderden figuratieve en abstrakte vormen.

Door een steeds andere ordening van dezelfde vormgegevens poogt tangram de vorm zelf op te heffen.

Uitgaande van het statische en rustgevende *vierkant* is een ontwikkeling mogelijk naar een beweeglijkheid zonder einde; door het nooit aflatende samenspel van de elementen die aldus hun eigen onbeweeglijkheid opheffen kan het tangram mogelijk ook interessant zijn, in verband met o. a. filosofie, pedagogie, psychologie, esthetica etc.

Als deze verschillende studierichtingen – eventueel gecombineerd – zich zouden richten op de mogelijkheden van deze puzzel kunnen er vergezichten onstaan zo fascinerend dat de samensteller van dit boek met spanning uitziet naar verder onderzoek omtrent de toepasbaarheid van het tangram.

Historische Übersicht

China

»Wie alt das Tangram-Spiel ist, das im Chinesischen Ch'i Ch'ae pan oder auch Siebenschlau genannt wird, ist nicht bekannt. Auch weiß man nicht, wer es gemacht hat«, so liest man in der Einleitung eines chinesischen Puzzlebuches aus dem 19. Jahrhundert.

Das Wort Ch'i Ch'ae datiert aus der Chu-Zeit (740 bis 330 v. Chr.). Es deutet auf einen Brauch, nach welchem man am siebenten Tag des siebenten Monats einen Faden durch eine Nadel mit sieben Öhren steckte. Das sollte Glück bringen.

Erst viel später, zur Zeit des Ch'ing-Kaisers Chia Ch'ing (1796–1820), wurden die ersten Tangram-Bücher gedruckt. Bisher datiert die früheste uns bekannte Veröffentlichung aus dem Jahre 1813. In der Einleitung zu diesem Werk ist von einem Buch die Rede, das ein Jahr zuvor erschienen war. Aber das Puzzlespiel muß schon vor 1812, auch in Buchform, weit verbreitet gewesen sein.

Um 1880 schuf Utamaro einen Holzschnitt, auf dem zwei Kurtisanen abgebildet sind, die ein Tangramproblem zu lösen versuchen. Die früheste europäische Veröffentlichung, ›Neues chinesisches Rätselspiel für Kinder, in 24 bildlichen und alphabetischen Darstellungen‹, erschien vermutlich im Jahre 1805.

Es ist jedoch wahrscheinlich, daß das Spiel selbst – eine kürzlich erschienene chinesische Enzyklopädie nennt es »ein Spiel für Frauen und Kinder« – lange vor dem ersten Erscheinen eines Puzzlebuches bestand.

Histories overzicht

China

»Hoe oud het tangramspel is, dat in het Chinees Ch'i Ch'iao pan ofwel zevenslimbord genoemd wordt, is niet bekend, en men weet ook niet wie het gemaakt heeft«, zo staat te lezen in de inleiding van een 19de eeuws Chinees puzzelboek.

Het woord Ch'i Ch'iao dateert uit de Chu tijd (740–330 v. Chr.). Het duidt dan het gebruik aan, om op de zevende dag van de zevende maand door een zevenogige naald een draad te steken, en zo geluk af te smeken.

Pas veel later, onder de Ch'ing keizer Chia Ch'ing (1796–1820) worden de eerste Chinese tangramboeken gedrukt. Het tot nu toe vroegst bekende verschijnt in 1813. In de inleiding van dit boek wordt een één jaar eerder uitgegeven boek vermeld. Maar de puzzel moet al voor 1812, ook in boekvorm, een grote verspreiding gehad hebben. Rond 1800 maakt Utamaro een houtsnede, waarop twee courtisanes staan afgebeeld, die een tangramprobleem proberen op te lossen. De vroegste Europese publikatie, het ›Neues chinesisches Rätselspiel für Kinder, in 24 bildlichen und alphabetischen Darstellungen‹, dateert waarschijnlijk uit 1805.

Het is echter niet onwaarschijnlijk dat het spel, volgens een recente Chinese encyclopedie een spel voor vrouwen en kinderen, reeds lang bestond voordat de eerste puzzelboeken verschenen.

De Chinese spelboeken bestaan uit twee deeltjes, één met voorbeelden en één met de oplossingen. De

Die chinesischen Spielbücher bestehen aus zwei Teilen, der eine enthält die Aufgaben, der andere die Lösungen. Die Aufgaben sind immer mit einem erklärenden chinesischen Schriftzeichen versehen, das noch bei den abstraktesten Abbildungen, wie dem Viereck, eine bedeutunganzeigende Funktion hat.

Die Beispiele kann man in verschiedene Gruppen ordnen. Eine Anzahl von Figuren hat die Form von chinesischen Schriftzeichen, die in verschiedenen Puzzlebüchern dann ohne erklärenden Text abgebildet werden. Denn das Beispiel selbst ist ja ein Zeichen und ist für Chinesen lesbar und verständlich.

Die Abbildungen von Menschen, Tieren, Pflanzen und Objekten – vom Gebrauchsgegenstand bis zum Tempel – nehmen am meisten Platz ein. Dabei sind

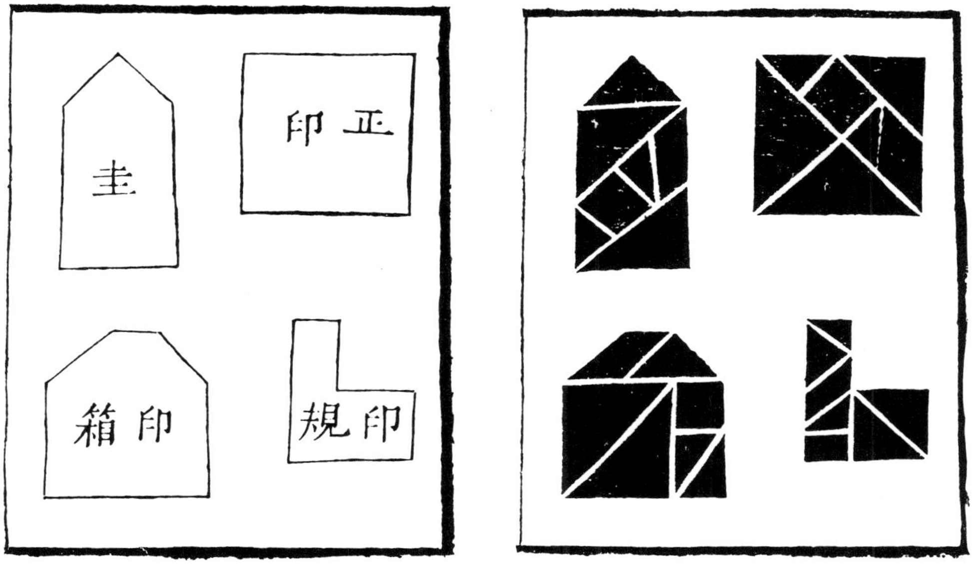

voorbeelden zijn altijd van een Chinees karakter, een verklaring, voorzien. Deze hebben zelfs bij de meest abstrakte figuren, zoals b. v. het vierkant, een betekenisaanduidende funktie.

De voorbeelden kunnen in een aantal verschillende groepen onderverdeeld worden.

Zo zijn er een aantal figuren in de vorm van Chinese karakters, die in een aantal puzzelboeken zonder verklarende tekst afgebeeld worden. Het voorbeeld zelf is immers een karakter, en heeft dus voor Chinezen een te lezen betekenis.

De verbeelding van mensen, dieren, planten en objekten – van gebruiksvoorwerpen tot tempels – neemt de grootste plaats in. De voorbeelden staan telkens thematisch bij elkaar op één pagina afgebeeld, b. v. een

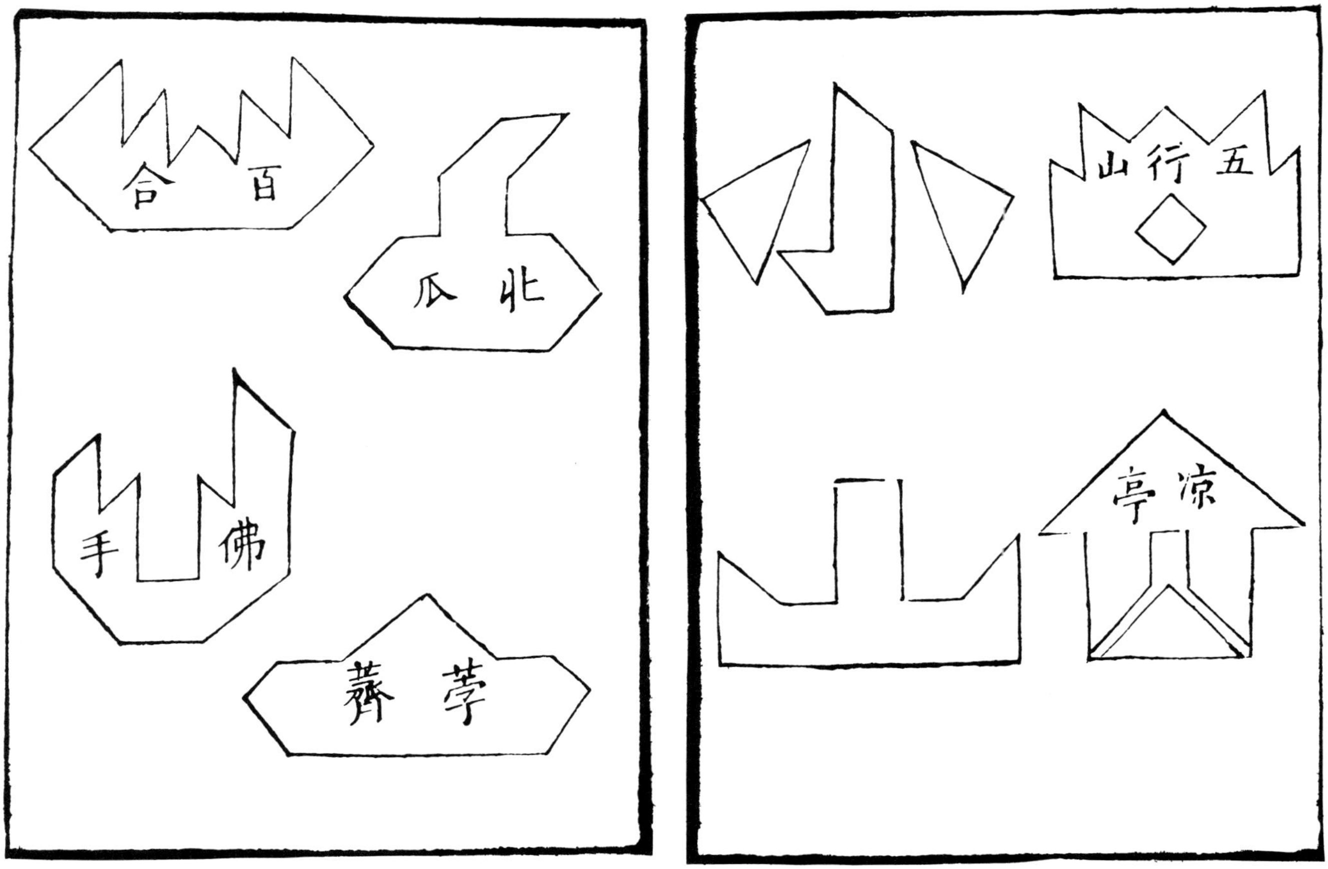

Seite mit zwei chinesischen Schriftzeichen ohne Motto

Pagina met twee Chinese karakters zonder motto

die Beispiele auf einer Seite thematisch geordnet: ein Lotosblatt, eine Lotosknospe, eine Lotosblüte oder ein Fisch, eine Schildkröte, ein Schiff. Die Gruppen können ihrerseits wieder eine gemeinsame Bedeutung erlangen.

Vereinzelt erfährt diese Bedeutung eine Erweiterung durch die Darstellung einer Handlung. Die chinesische Erläuterung zu den beiden trinkenden Figuren

lotusblad, een lotusknop en een lotusbloem, of een vis, een schildpad en een schip, die als groep samen weer een betekenis kunnen hebben.

Een enkele maal wordt de betekenis nog weer uitgebreid door het verbeelden van een handeling. Bij de twee drinkende figuren is de volgende Chinese tekst toegevoegd: »deze kompositie toont aan wat de mogelijkheden van de puzzel zijn.«

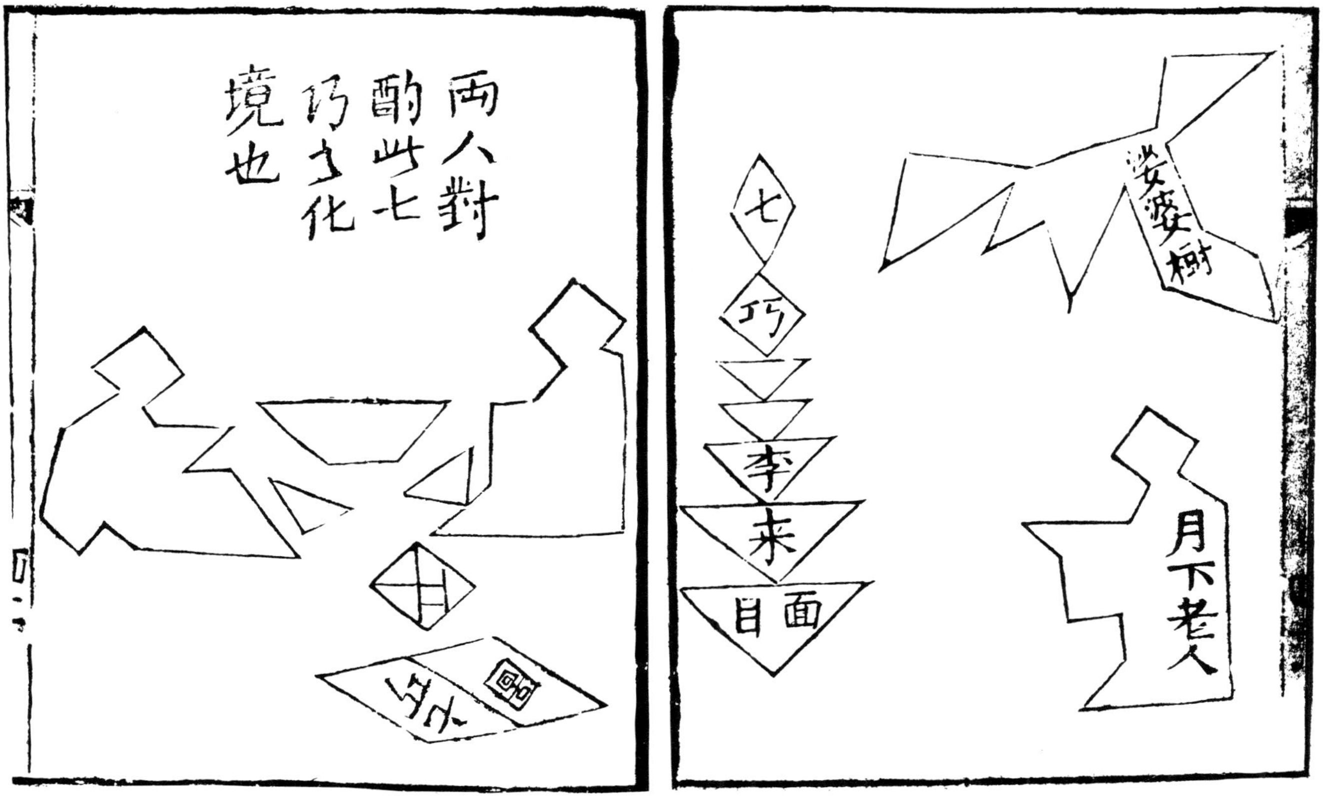

Seite mit zwei teetrinkenden Figuren

Pagina met twee thee drinkende figuren

lautet: »Diese Komposition verdeutlicht die Möglichkeiten des Puzzles.«

Das Puzzlespiel muß ein Erfolg gewesen sein. Das beweisen die zahlreichen Bücher, die in schneller Folge herauskamen und die zum großen Teil auf das Spielbuch Ch'i Ch'iao t'u ho-pi (1813, Leiden) zurückgehen.

In dem nach 1820 herausgegebenen Ch'i Ch'iao ch'u pien ho-pi steht die Bemerkung: »Die Einleitung und die erklärenden Texte zu den Beispielen in diesem Buch unterscheiden sich von anderen Spielbüchern.

De puzzel moet, gezien de snelle opeenvolging van de verschillende puzzelboeken, die voor het grootste deel gebaseerd zijn op het spelboek Ch'i Ch'iao t'u ho-pi van 1813 (Leiden), een sukses geweest zijn. In het na 1820 uitgegeven Ch'i Ch'iao Ch'u pien ho-pi staat de opmerking: »Gelieve er notitie van te nemen dat de inleiding en de verklarende teksten bij de voorbeelden in dit boek anders zijn dan in de andere spelboeken, ook zijn de voorbeelden in dit boek beter en duidelijker.« Dit mag dan wel waar zijn, vaak immers zijn in andere puzzelboeken figuren niet zorgvuldig

Die Beispiele in diesem Buch sind besser und deutlicher. Bitte, achten Sie darauf!«

Das mag sehr wohl wahr sein, denn oft sind in den anderen Puzzlebüchern die Figuren nicht sorgfältig übernommen worden oder erscheinen doppelt. Die kommerzielle Absicht ist deutlich.

Später, im 19. Jahrhundert, gehörte das Tangram-Spiel zusammen mit einem Stehaufmännchen und einem Bilboquet zu einem Spielemagazin, das als Exportartikel für den abendländischen Markt hergestellt wurde.

weergegeven, of staan er dubbel in, maar het riekt wel naar commercie.

Later in de 19de eeuw maakt het tangramspel, samen met b.v. een duikelaartje en een bilboquet deel uit van een doos vol met spellen, die als exportartikel voor de westerse markt gemaakt moet zijn.

Europa

Die Schnelligkeit, mit der sich das Spiel innerhalb kurzer Zeit in vielen Ländern Europas und Amerikas durchsetzte, ist erstaunlich. Schon 1818 erschienen in Amerika, Deutschland, England, Frankreich, Italien und Österreich Tangram-Veröffentlichungen.

In der Einleitung des italienischen Spielbuches ›Al gioco cinese chiamato il rompicapo appendice‹, das neben den Spielregeln auch eine Geschichte Chinas enthält, »das eigentlich gar nicht so barbarisch ist«, wird vermerkt, das Spiel werde allerorts mit wahrer Leidenschaft gespielt.

Es erschienen sogar Abhandlungen darüber, z. B. ein illustrierter Artikel im ›Leipziger Magazin für Industrie‹ (1818) und ein mathematischer Artikel: ›New Mathematical Demonstrations of Euclid rendered clear and familiar to the minds of youth, with no other mathemathical instruments than the triangular pieces, commonly called the chinese puzzle‹. Letzterer, von M. Williams, einem Lehrer, verfaßt, erschien 1817. Er enthält eine Reihe von geometrischen Aufgaben, die mit dem Tangram gelöst werden können. Williams teilt dabei das Viereck anders auf.

Europa

De snelheid, waarmee het spel zich in korte tijd over een groot aantal Europese landen en Amerika heeft verspreid, is verbazingwekkend. In 1818 verschijnen er in Amerika, Duitsland, Engeland, Frankrijk, Italie en Oostenrijk tangrampublikaties. In de inleidende tekst van het Italiaanse spelboek ›Al gioco cinese chiamato il rompicapo appendice‹, dat buiten informatie over het spel een verhaal over China »dat nog zo barbaars niet is« bevat, staat de opmerking, dat het spel een ware rage is.

Er verschenen zelfs verhandelingen. Zo is er een geillustreerd artikel in het ›Leipziger Magazin für Industrie‹, 1818, en een wiskundige verhandeling: »New Mathematical Demonstrations of Euclid rendered clear and familiar to the minds of youth, with no other mathemathical instruments than the triangular pieces, commonly called the chinese puzzle.« Deze is geschreven door W. Williams, een leraar, en verscheen in 1817. Het bevat een aantal meetkundige problemen, die met de tangrampuzzel opgelost moeten worden. Daarvoor moet Williams gebruik maken van een andere onderverdeling van het vierkant.

STANZAS,

Addressed to Messrs. Goodrich and Co. on the ingenious
CHINESE PUZZLE.

Farewell both to Chess and Backgammon! farewell too,
My earliest favourite, the Fox and his Geese!
At which, long before I could write, read, or spell too,
I've spent many hours of pastime and peace.

Now for *squares* and for *triangles*, emblems of Science,
And for forms emblematical—none knows of what;
Like Fuseli's dreams, bidding language defiance,
You can't tell what they are—no, nor what they are not.

But nor Poet, nor Painter, though giving free scope to
The visions of fancy, when fancy is warm,
Let them do all they can, yet they never could hope to
Surpass the queer figures your Puzzles can form.

Each Beauty, with finger so fair and so taper,
Replaces each section again and again;
Then poutingly turns from the toy to the paper,
Half angry to find that her toil is all vain.

The *Geometrician* sagaciously chooses
By rule and by reason each piece he lays down;
But still now and then his sage labour he loses,
While he strives to look wiser by dint of a frown.

But HE* most of all, holds in due estimation
Your Puzzle so peerless, who, harass'd with care,
Has recourse to its aid as a mere recreation,
Which attracts all his thoughts, and which drives off despair.

There are moments when reading is no relaxation;
When music's enchantments wake only a sigh;
When all the bright beauties which bloom in creation,
Flash in vain on the fancy, and charm not the eye:

There are hours, in short, when one's flagg'd spirits sinking
In that kind of employment alone can find ease,
Which so rivets our thoughts we scarce know we are thinking,
And in such moody moments YOUR PUZZLE CAN PLEASE.

* *This ingenious contrivance has for some time past been the favourite amusement of the Ex-Emperor* NAPOLEON, *who, being now in a debilitated state, and living very retired, passes many hours a day in thus exercising his patience and ingenuity.*

Die Einführung zu dem amerikanischen Spiel ›The fashionable chinese puzzle‹ De inleiding van het Amerikaanse spel ›The fashionable chinese puzzle‹

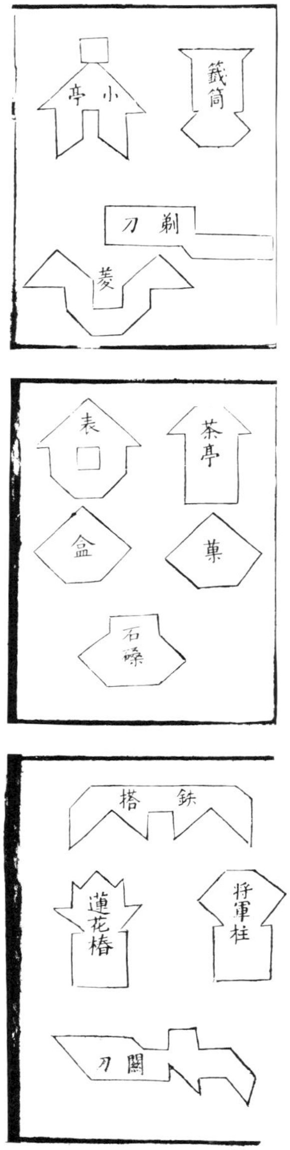

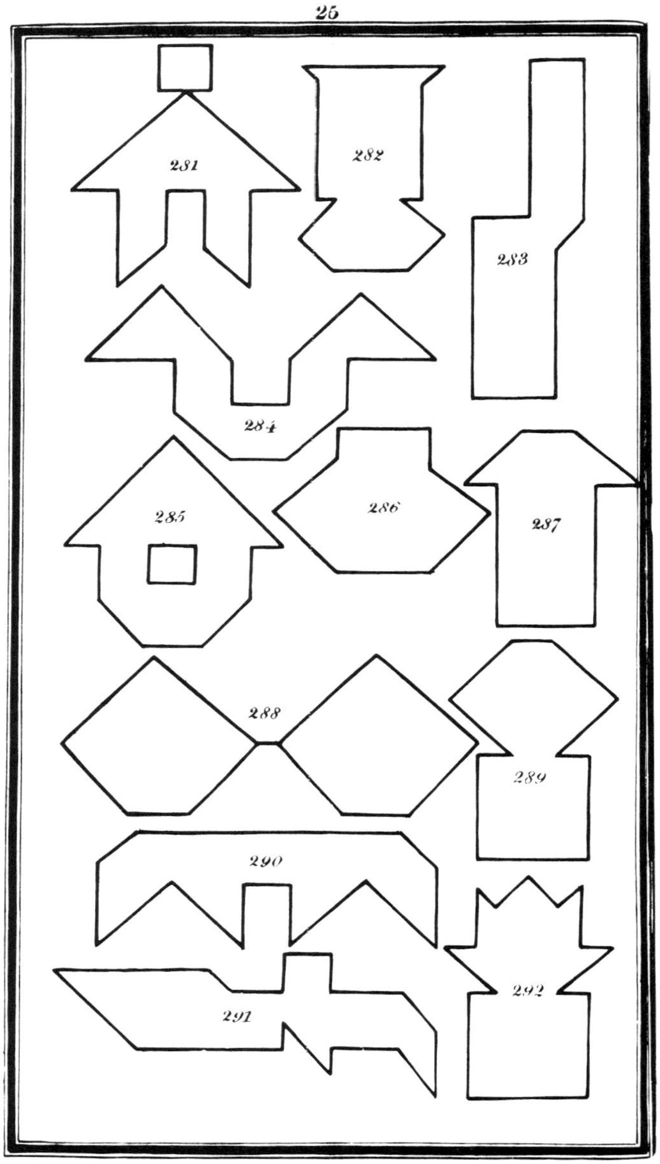

An den Beispielen der Seiten 18 und 19 ist zu sehen, daß die verschiedenen Tangrambücher jeweils voneinander übernommen wurden

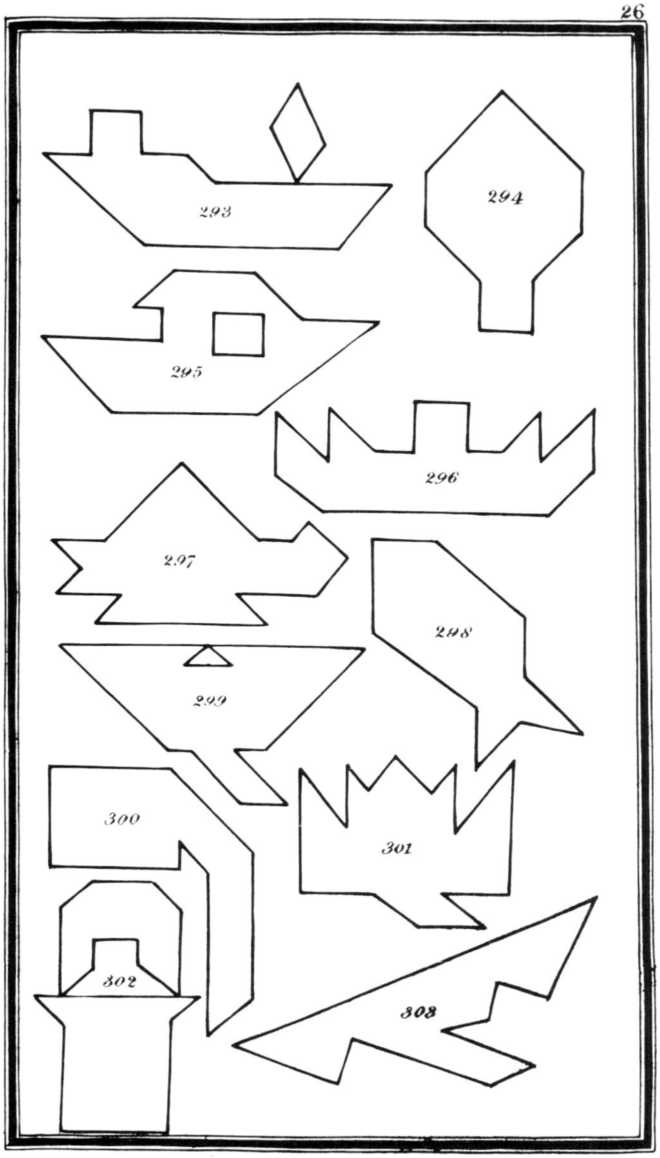

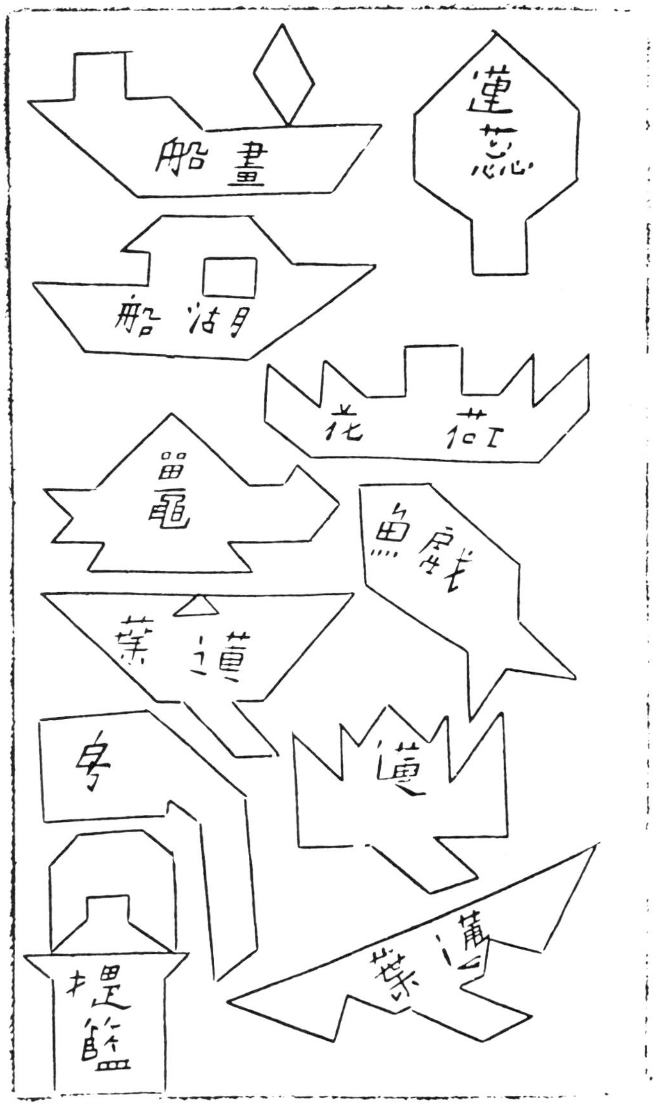

Deze voorbeelden op pagina 18 en 19 laten zien hoe de verschillende tangramboeken van elkaar werden overgenomen

In den Einleitungen wird oftmals auf den mathematisch-didaktischen Aspekt der Puzzlespiele hingewiesen. Das Wichtigste bleibt jedoch, daß das Puzzlespiel ein universeller Zeitvertreib ist: »Für jung und alt, für Mann und Frau und für Leute von Adel und allen anderen Ständen. Dazu kommt, daß es erbaulich ist, und daß man dabei nicht, wie das bei anderen Spielen oft der Fall ist, sein Geld verlieren kann.«

Sätze ähnlichen Inhalts stehen in der Einleitung des chinesischen Spiels Ch'i Ch'iao ch'u pien ho-pi. Napoleon war in der Verbannung ein leidenschaftlicher Tangram-Spieler. Das mag manchem einen besonderen Anreiz für das Puzzlespiel geben.

Die europäischen und amerikanischen Spielbücher sind alle mehr oder weniger Kopien der chinesischen. Das amerikanische ›Fashionable Chinese Puzzle‹ ist ein Beispiel dafür. Es kopiert das chinesische Spielbuch Ch'i Ch'iao t'u ho-pi (British Museum) aufs genaueste (s.S.19). Dieses wiederum ist eine Kopie des Ch'i Ch'iao t'u ho-pi in Leiden (s. S. 18/19).

Das Puzzlespiel nennt man in China ›Sieben-Schlau-Brett‹ oder ›Weisheitsbrett‹, in Europa ›Chinesisches

In de inleidingen van spelboeken wordt het wiskundig didactisch aspekt van de puzzel vaak vermeld. Het belangrijkste blijft echter, dat de puzzel een universele tijdverdrijver is:
»Voor jong en oud, voor man en vrouw en voor mensen van adel en alle andere standen. Daarbij is het stichtelijk en kan je er, zoals dat bij andere spellen zo vaak het geval is, je geld niet bij verliezen.« Dingen van dezelfde strekking staan ook in de inleiding van het Chinese spel Ch'i Ch'iao Ch'u pien ho-pi.

Het feit, dat Napoleon tijdens zijn ballingschap een verwoed tangramspeler geweest zou zijn, moet de puzzel dan haast wel onweerstaanbaar maken. De westerse spelboeken zijn allen, in meer of mindere mate, gekopieerd van Chinese spelboeken.

Het Amerikaanse spel ›The fashionable chinese puzzle‹ is één van de duidelijkste voorbeelden hiervan. Het is een kopie van het Chinese spelboek Ch'i Ch'iao t'u ho-pi (British Museum) (zie blz. 19).

Het Chinese spelboek, dat tot voorbeeld diende, was zelf weer een kopie van het Chinese spelboek Ch'i Ch'iao t'u ho-pi (Leiden) (zie blz. 18/19).

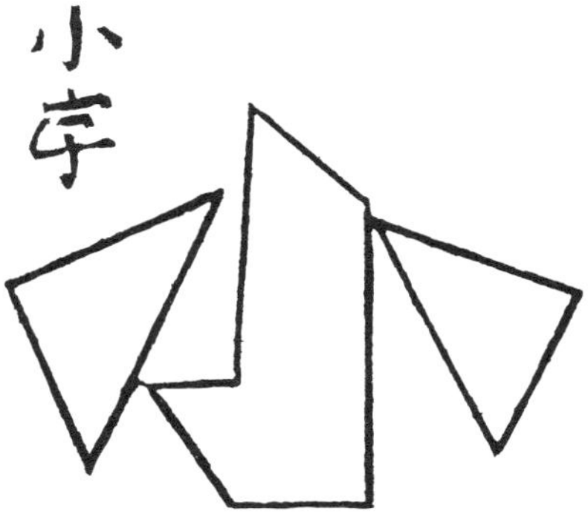

Beispiel eines falsch übernommenen Schriftzeichens aus dem Spiel ›Le véritable casse-tête, ou énigmes chinoises‹, S. 20

Een voorbeeld van een fout overgenomen Chinees karakter uit het spel ›Le véritable casse-tête, ou énigmes chinoises‹ blz. 20

Zwei Seiten aus dem italienischen Spielbuch ›Metamorfosi del giuoco detto l'enimma cinese‹ ▷

Twee pagina's uit het Italiaanse spelboek ›Metamorfosi del giuoco detto l'enimma cinese‹ ▷

TAVOLA VI

1. *Bonzo giuntimanio*
2. *Busto di Confucio*
3. *Bonzessa pinzochera*
4. *Vettina perforata*
5. *Cubicolo naviforme*
6. *Vaso libatorio*
7. *Lampada bilica*
8. *Novizio talopino*
9. *Ordegno di tortura, detto geniculeo*
10. *Cinese che entra all' udienza dell' Imperatore.*
11. *Cinese che non è stato esaudito*
12. *Appellante che presenta il tergo per ottener l' udienza (Vedi pag. 25).*

TAVOLA XII.

1. *Orcio triclauso*
2. *Candelabro tricuspide*
3. *Briquet anglocinico*
4. *Cavallo struzzicollio*
5. *Pagoda portatile*
6. *Cane bipede cefalonico*
7. *Cinesetta seducente*
8. *Vasca quirinale*
9. *Ottentota incinta*
10. *Mausoleo mandarinico*
11. *Amante lacrimosa*
12. *Urna orecchiasinica*

Puzzle‹ oder ›Casse-tête‹. Diese unterschiedliche Benennung ist bezeichnend. In Europa liegt die Betonung mehr auf dem Nachlegen der oft gar nicht verstandenen und dadurch falsch übernommenen chinesischen Beispiele als auf dem Legen von Formen, die eine mehr oder minder konkrete Bedeutung haben. Denn die zu den chinesischen Beispielen gehörenden Unterschriften waren ja weggelassen. Nur das italienische Spiel ›Al gioco cinese chiamato il rompicapo appendice‹ (Mailand 1818) weist Unterschriften auf. Sie sind aber, wie viele der Beispiele selbst, erfunden.

Eine europäische Hinzufügung zum Tangram-Spiel sind das Alphabet und die arabischen Zahlen. Das ist um so auffallender, als die chinesischen Schriftzeichen, ihrer Bedeutung beraubt und zu freien Figuren geworden, weggefallen sind.

Das um 1820 publizierte französische Spiel ›Nouveau casse-tête français‹ unterscheidet sich völlig von den damals erscheinenden Spielbüchern. Alle Figuren sind nicht nur neu, sie sind auch eingezeichnet.

Am Anfang der zweiten Hälfte des 19. Jahrhunderts wurde das Tangrampuzzle in Frankreich, Deutschland und Holland ein reines Nachlege-Puzzle. Vor allem bei dem deutschen Spiel ›Der Kopfzerbrecher‹ hat man eine nicht figürliche Auswahl getroffen. Die Beispiele, jetzt streng auf die Seiten verteilt, sind reduziert.

Um 1860 tritt der Spiele-Charakter in den Vordergrund, die Hauptsache sind jetzt die Steine. Während die Puzzlespiele um 1818 noch meist in Buchform erscheinen, kommen sie nun in einer Schachtel auf den Markt. Die Abbildungen erscheinen dabei auf losen Karten.

Ende des 19., Anfang des 20. Jahrhunderts widmen zwei Puzzle-Fanatiker dem Spiel ihre Aufmerksamkeit: Sam Loyd mit ›The 8th Book of Tan‹ (1903) und H. Dudeney mit einer Rätselecke in der Zeitschrift ›Strand‹. Loyd, der kreativ mit dem Puzzlespiel arbeitet und die meisten neuen Figuren selbst erdacht hat, benutzte sehr wahrscheinlich Williams' ›Mathemathi-

Het verschil in naamgeving van de puzzel, die in China ›slimzevenbord‹ of ›wijsheidsbord‹, en in Europa de ›Chinese puzzel‹ of ›casse-tête‹ genoemd wordt, is niet geheel zonder betekenis.

In Europa ligt de nadruk hoe langer hoe meer op het naleggen van de vaak niet meer begrepen, en daardoor fout overgenomen Chinese voorbeelden dan op het leggen van vormen, die een min of meer concrete betekenis hebben. De bij de Chinese voorbeelden behorende motto's worden immers weggelaten. Er is één spel ›Al gioco cinese chiamato il rompicapo appendice‹, Milaan 1818, waarin, net als bij de Chinese spelboeken, motto's zijn gegeven. Deze zijn echter, net als veel van de voorbeelden, zelf verzonnen.

De meest duidelijke Europese toevoeging aan het tangramspel zijn het alphabet en de arabische cijfers. Dit is des te opmerkelijker, daar tegelijkertijd de Chinese karakters, van hun betekenis ontdaan, onbegrijpelijke vrije figuren geworden zijn, en hoe langer hoe meer weg worden gelaten.

Het omstreeks 1820 uitgegeven Franse spel ›Nouveau casse-tête français‹ valt volledig buiten de in die tijd uitgegeven spelboeken; niet alleen zijn bijna alle figuren nieuw, ze zijn bovendien ingetekend.

In het begin van de tweede helft van de 19de eeuw is de tangrampuzzel in Frankrijk, Duitsland en Nederland geheel tot nalegpuzzel verworden. Vooral bij het Duitse spel ›Der Kopfzerbrecher‹ is een a-figuratieve selectie gemaakt. De voorbeelden, nu streng over de pagina verdeeld, zijn in aantal afgenomen. In 1860 ligt het zwaartepunt op de stenen of houten stukjes; in tegenstelling tot de tijd rond 1818, waarin de puzzels meest in boekvorm verschenen, worden deze spellen dan op de markt gebracht in een doosje, waarin een stenen of houten spel, met voorbeelden op losse kaarten. Aan het einde van de 19de, begin 20ste eeuw zijn het de twee puzzelfreaks Sam Loyd in zijn ›The 8th book of Tan‹ (1903) en H. Dudeney in een puzzelhoekje in het tijdschrift ›Strand‹, die aandacht voor

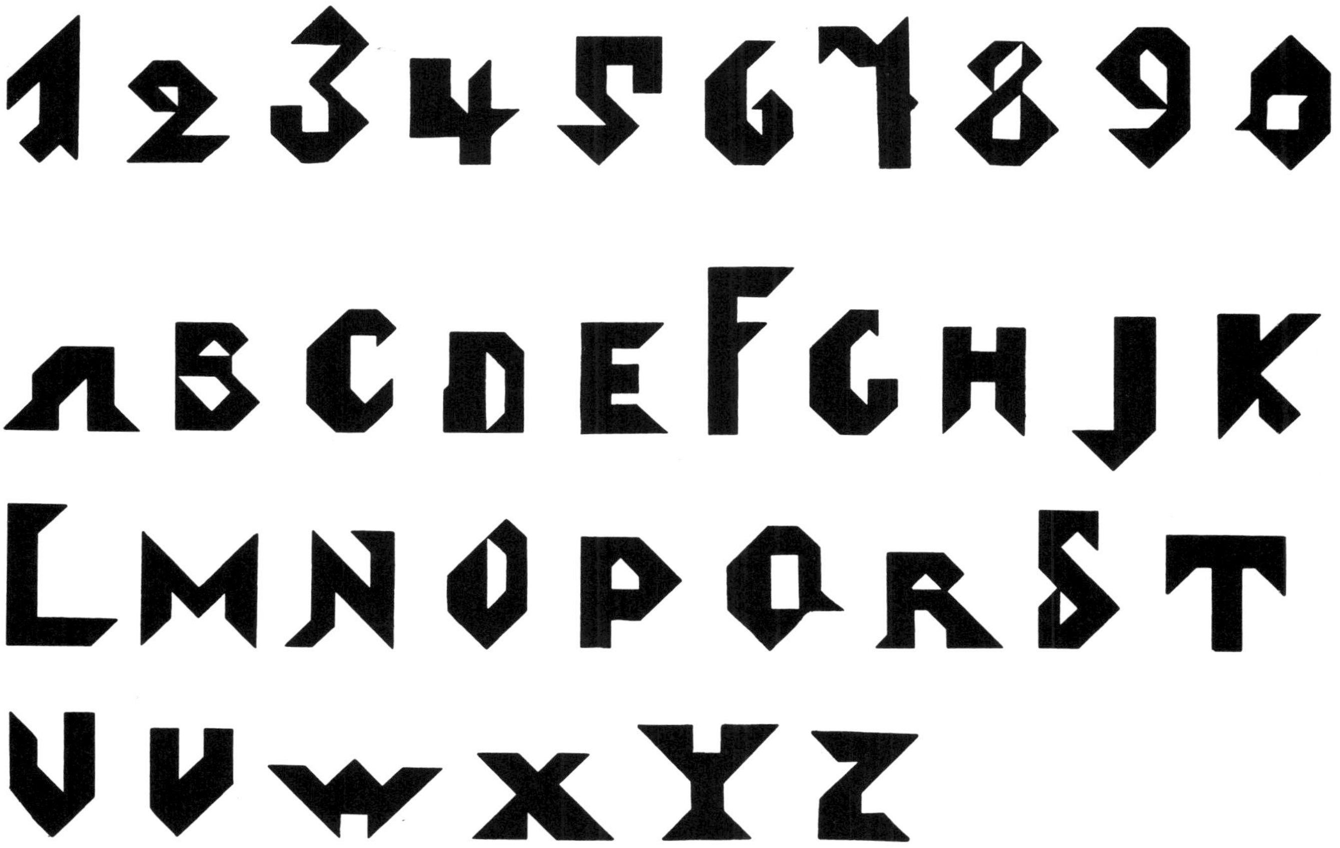

Alphabet und Zahlen aus ›Der Kopfzerbrecher‹

Alfabet en cijfers uit ›Der Kopfzerbrecher‹

cal Demonstrations‹ als Hilfsmittel. In ›The 8th Book of Tan‹ versucht er das zu vertuschen, indem er erwähnt, der Chinese Li Hung Chang habe vor Tausenden von Jahren mit Hilfe des Tangram-Spiels schon den Satz des Pythagoras bewiesen. Loyd hat übrigens, wie Williams, das Viereck anders aufgeteilt. Die Veröffentlichungen der letzten Jahre gehen direkt oder indirekt auf die von Loyd und Dudeney zurück.
Die folgende Bibliographie chinesischer und westlicher Tangram-Bücher des 19. Jahrhunderts kann zweifellos

het tangramspel hebben. Loyd, die creatief met de puzzel werkt en de meeste nieuwe figuren maakt, heeft naar alle waarschijnlijkheid Williams ›Mathemathical Demonstrations‹ gebruikt.

In zijn ›8th book of Tan‹ is hij slechts op mystificatie uit, als hij melding maakt van de Chinees Li Hung Chang, die duizenden jaren geleden met behulp van het tangramspel de stelling van Pythagoras bewees. Loyd maakt evenals Williams daarbij gebruik van een andere onderverdeling van het vierkant.

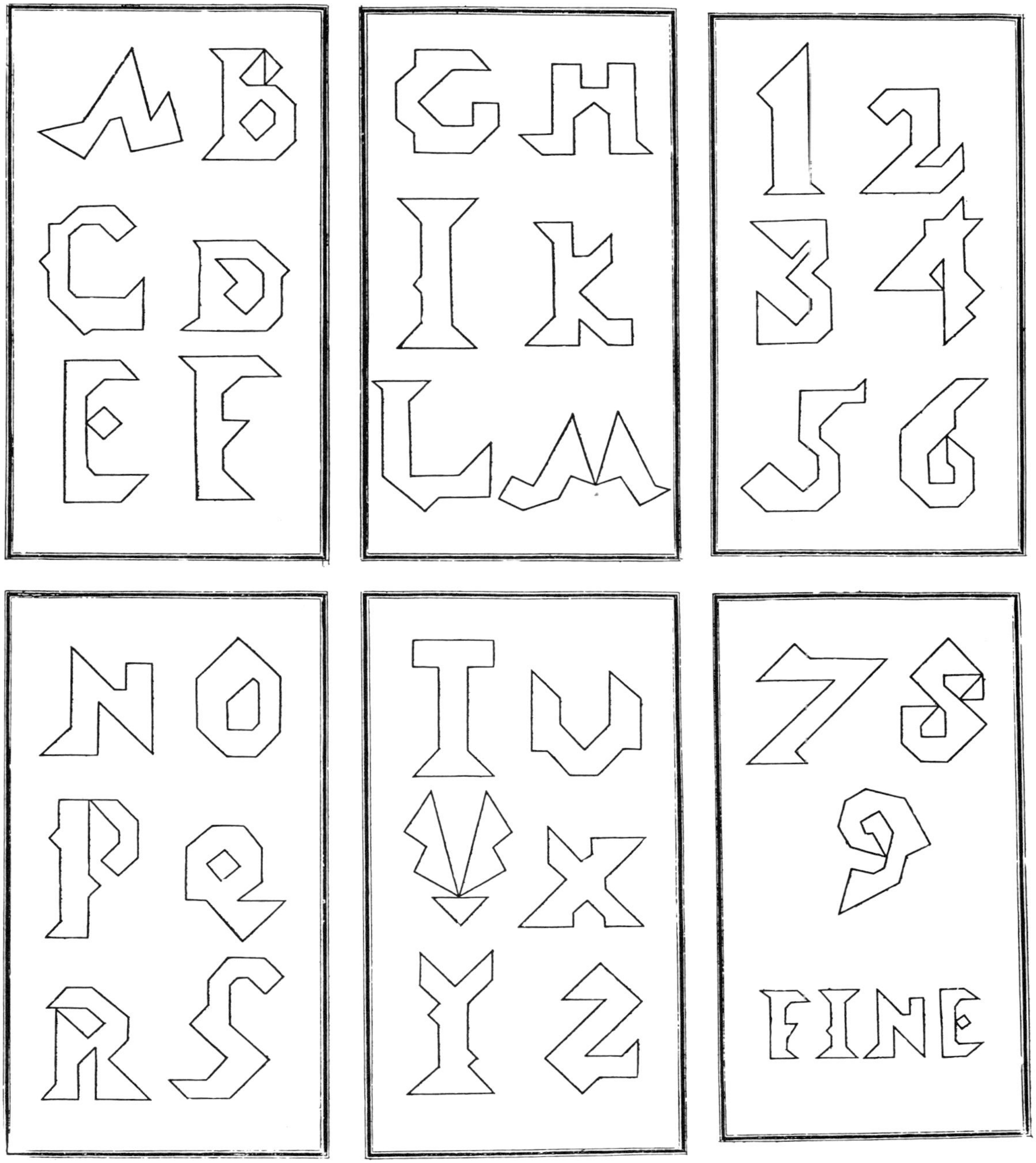
A B
C D
E F
G H
I K
L M
1 2
3 4
5 6
N O
P Q
R S
T U
V X
Y Z
7 8
9
FINE

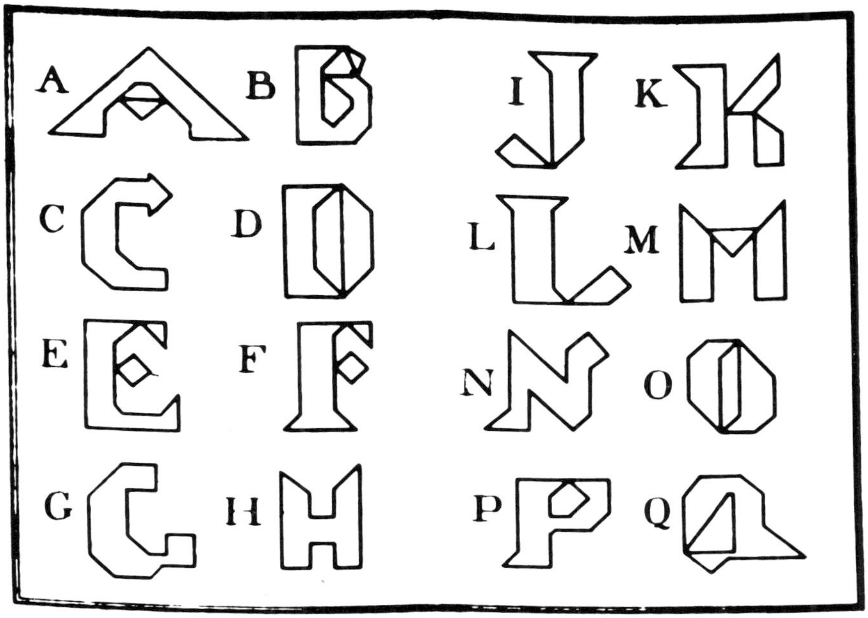

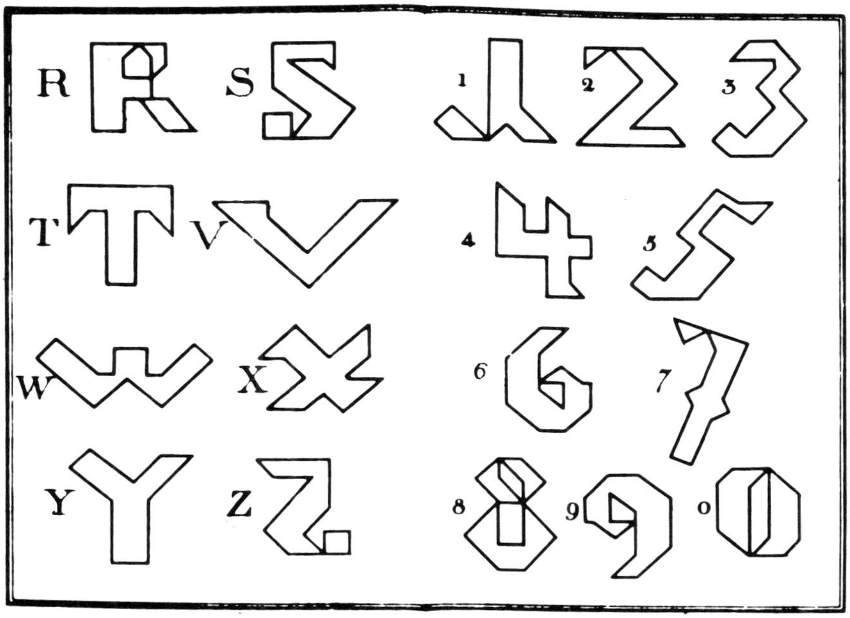

Alphabet und Zahlen aus ›Chinesisches Rätsel. Enigmes chinoises‹ (Historisches Museum der Stadt Wien)

Alfabet en cijfers uit ›Chinesisches Rätsel. Enigmes chinoises‹ (Historisches Museum der Stadt Wien)

◁ Alphabet und Zahlen aus ›Supplemento al nuovo giuoco chinese‹

Alfabet en cijfers uit ›Supplemento al nuovo giuoco chinese‹

Nouveau
CASSE-TÊTE
FRANÇAIS.
RÉGLES DU JEU.
Ce Jeu est composé de figures formées par
7 morceaux de bois coupés géométriquement.
Pour former ces mêmes figures, il faut
que les 7 morceaux de bois soient tous
employés, et s'il en reste, la figure que l'on
cherchera à imiter ne sera pas conforme au modèle.

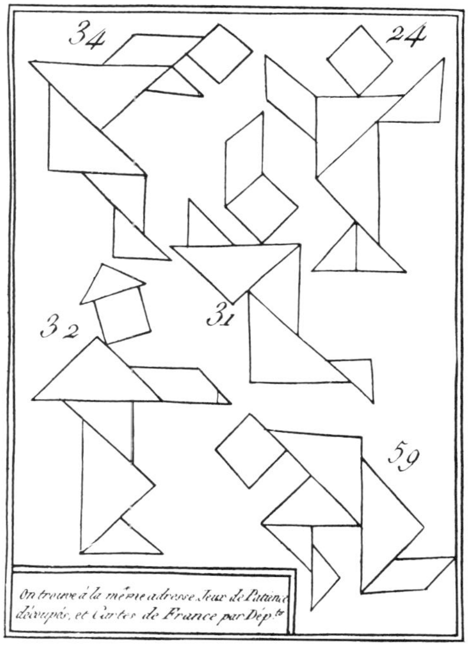
34
24
31
32
59
On trouve à la même adresse Jeux de Patience
découpés, et Cartes de France par Dép.ts

1
1
2
3
4
5

2
6
7
8
9
10

3
11
12
13
14
15

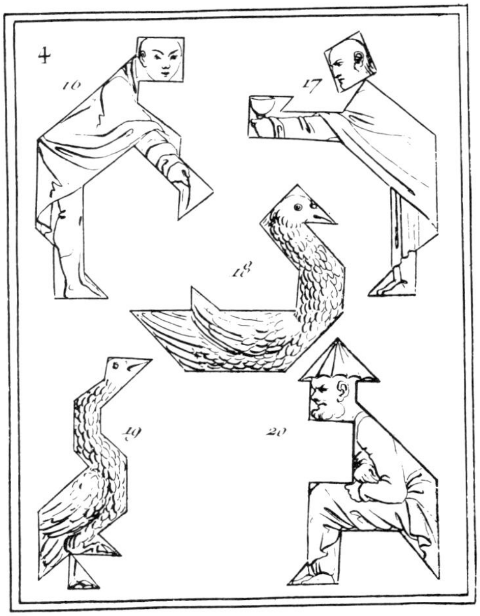
4
16
17
18
19
20

5
21
22
23
24
25

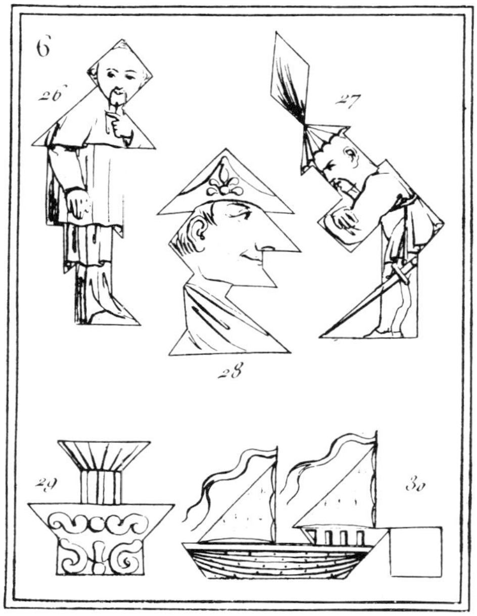
6
26
27
28
29
30

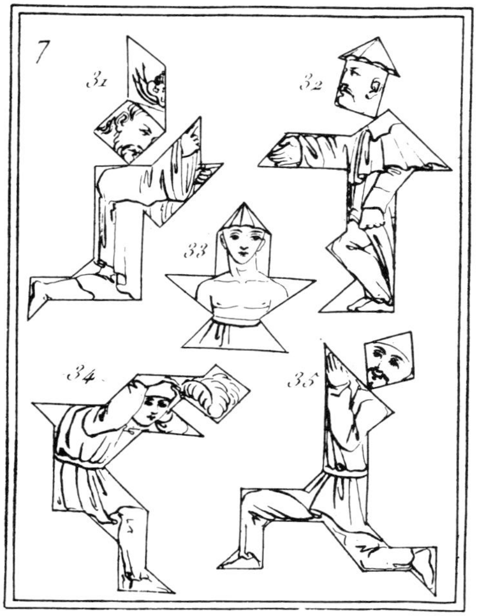
7
31
32
33
34
35

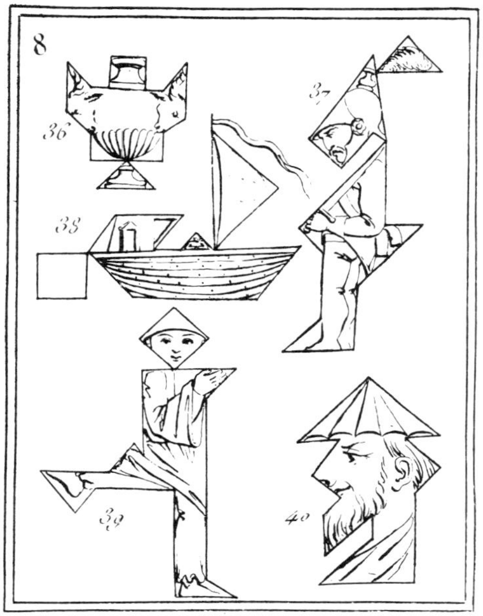
8
36
37
38
39
40

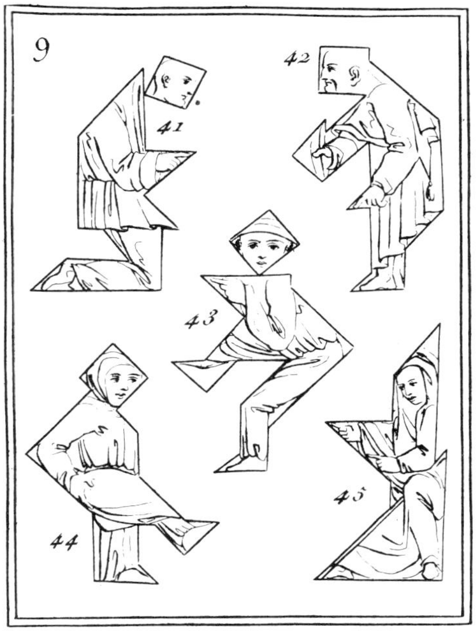
9
41
42
43
44
45

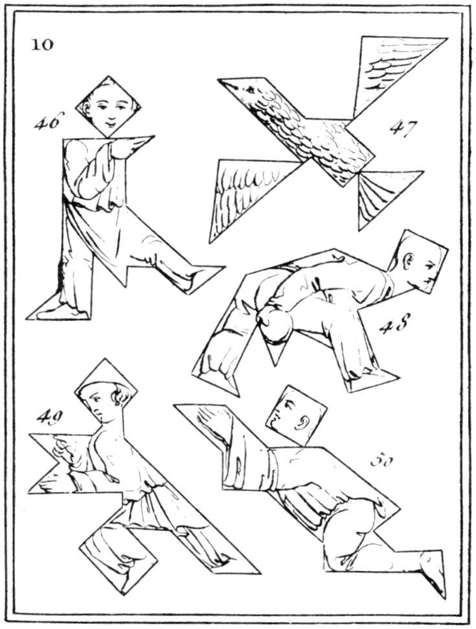
10
46
47
48
49
50

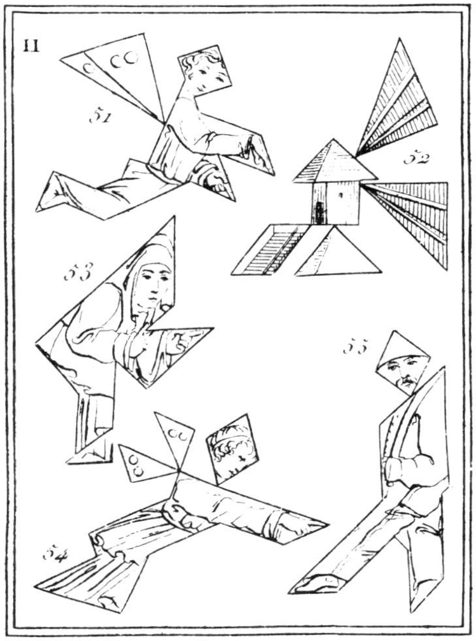
11
51
52
53
54
55

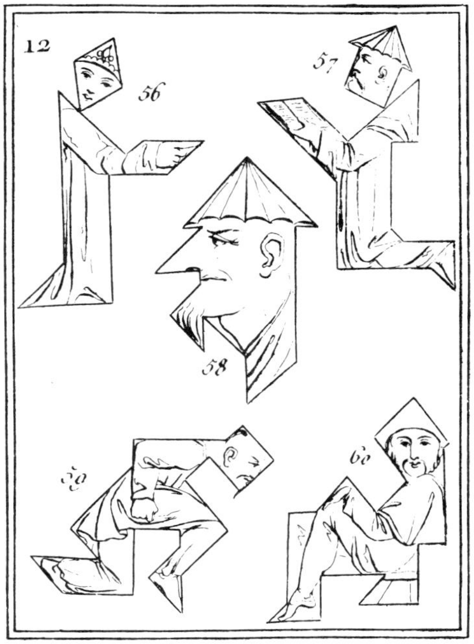
12
56
57
58
59
60

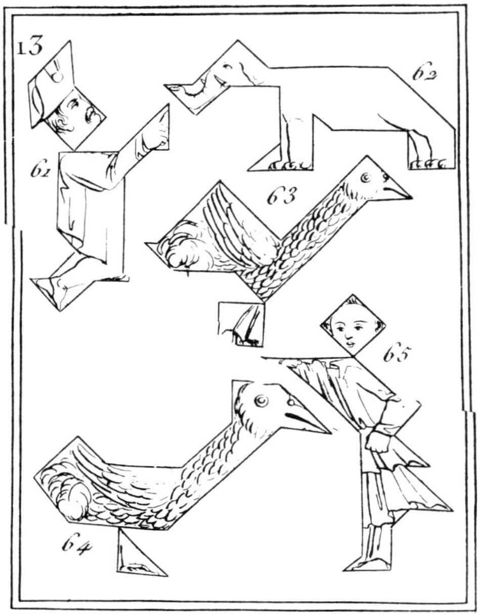
13
61
62
63
64
65

14
66
67
68

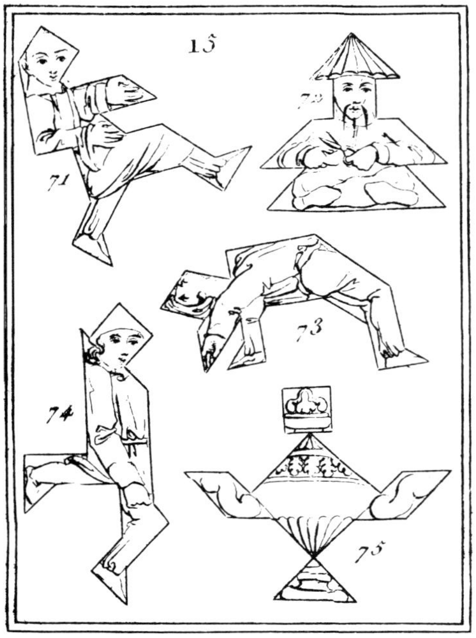
15
71
72
73
74
75

16
76
77
78
79
80

noch durch eine Anzahl mir unbekannter Veröffentlichungen vervollständigt werden. Soweit wie möglich wurde versucht, die gegenseitige Abhängigkeit dieser Veröffentlichungen festzustellen.

Chinesische Spielbücher

Ch'i Ch'iao t'u ho-pi Bibliothek Leiden 6891
Dieses Spiel mit einer Einleitung von Sang-Hsi Ko ist, soweit bekannt, das älteste Beispiel chinesischer Spielbücher. Das Spiel enthält 323 Muster. Die nachfolgenden 4 Spielbücher gehen auf dieses Buch zurück. Eins oder mehrere dieser Hefte bildeten die Vorlage für die europäischen und amerikanischen Spielhefte.

Ch'i Ch'iao t'u ho-pi British Museum 15257 d 13
1815
Dieses Spielbuch ist inhaltlich dasselbe wie das obige, hat aber eine andere Aufmachung.

Ch'i Ch'iao Hsin p'u Bibliothek Leiden
1826
Wiederum dasselbe Buch in anderer Aufmachung.

Ch'i Ch'iao pan Bibliothek Leiden 6891
Nicht datiert.
Hierbei sind 321 Beispiele und eine andere Seitenfolge gegeben.

De publikaties van de laatste jaren zijn direkt of indirekt op die van Loyd en Dudeney gebaseerd.

Hier volgt een bibliografie van 19e eeuwse Chinese en westerse tangramspelboeken.
Ongetwijfeld kan deze bibliografie nog met een aantal mij niet bekende publikaties aangevuld worden.
Voor zover mogelijk is gepoogd om de onderlinge afhankelijkheid van deze publikaties vast te stellen.

Lijst van Chinese spelboeken

Ch'i Ch'iao t'u ho-pi bibliotheek Leiden 6891
dat. 1813.
Dit spel met een inleiding van Sang-Hsia Ko is voor zover bekend het oudste voorbeeld van Chinese spelboeken. Het spel bevat 323 voorbeelden. De volgende vier spelboeken zijn afgeleid van deze publikatie. Een of meerdere spelboeken uit deze groep hebben model gestaan voor de Europese en Amerikaanse spelboeken.

Ch'i Ch'iao t'u ho-pi British Museum 15257 d 13
dat. 1815.
Dit spelboek is gelijk aan het boek dat in het bezit is van de bibliotheek in Leiden maar heeft een andere opmaak.

Ch'i Ch'iao Hsin p'u bibliotheek Leiden 6891
dat. 1826.
Dit spelboek is eveneens gelijk aan het bovengenoemde maar heeft een andere opmaak.

Ch'i Ch'iao pan bibliotheek Leiden 6891
zonder datum.
Als het spelboek van 1813 uit Leiden. Hier echter 321 voorbeelden en bovendien een andere bladzij volgorde.

Ch'i Ch'iao pan Antiquariat Israel, Amsterdam
Nicht datiert.
Dasselbe mit 310 Beispielen; bei den Figuren fehlen die Mottos.

Ch'i Ch'iao Hsin-p'u Bibliothek Leiden 6891
1815
Das Spiel enthält 385 Beispiele.

Ch'i Ch'iao Hsin-p'u Stedelijk Museum Zutphen
1816
Das Spiel enthält ebenfalls 385 Beispiele.

Ch'i Ch'iao ch'u pien ho-pi Bibliothek Leiden 6891
Nach 1820.
Dieses Spiel hat 476 Beispiele, die z. T. dem Spielbuch ›Ch'i Ch'iao t'u ho-pi entnommen sind.

Europäische und amerikanische Spielbücher

Chinesisches Rätsel. Enigmes Chinoises
Historisches Museum der Stadt Wien.
Wien, hrsg. von H. F. Müller, Kunsthändler am Kohlmarkt. Etwa 1810.

Neues chinesisches Rätselspiel für Kinder, in 24 bildlichen und alphabetischen Darstellungen. Mit 7 Holztäfelchen, Pirna, Friese, nicht datiert; 1805 im Buch von Santi ›Bibliografia del Enigmistica‹ unter Nr. 636 beschrieben.

Das große chinesische Rätselspiel für die elegante Welt, Leipzig, Magazin für Industrie 1818; im Buch von Santi ›Bibliografia del Enigmistica‹ unter Nr. 680 beschrieben.

Ch'i Ch'iao pan Antiquariaat Israël, Amsterdam
zonder datum.
Hetzelfde met 310 voorbeelden; bij de figuren ontbreken de motto's.

Ch'i Ch'iao t'u Hsin-p'u bibliotheek Leiden 6891
dat. 1815.
Dit spelboek bevat 385 voorbeelden.

Ch'i Ch'iao Hsin-p'u Stedelijk museum Zutphen
dat. 1816.
Dit spelboek heeft eveneens 385 voorbeelden.

Ch'i Ch'iao ch'u pien ho-pi bibliotheek Leiden 6891
dat. na 1820.
Dit spelboek heeft 476 voorbeelden, waar het spelboek *Ch'i Ch'iao t'u ho-pi* gedeeltelijk model voor heeft gestaan.

Lijst van Europese en Amerikaanse spelboeken

Chinesisches Rätsel. Enigmes Chinoises
Historisches Museum der Stadt Wien.
Wenen, uitgegeven door H. F. Müller,
Kunsthändler am Kohlmarkt.
omstreeks 1810.

Neues chinesisches Rätselspiel für Kinder, in 24 bildlichen u. alphabetischen Darstellungen; mit 7 Holztäfelchen
Pirna, Friese s. d. 1805.
Beschreven in het boek van Santi ›Bibliografia del Enigmistica‹ onder no. 636.

Das große chinesische Rätselspiel für die elegante Welt
Leipzig, Magazin f. Industrie, 1818.
Santi ›Bibliografia del'Enigmistica‹ onder no. 680.

Williams, W., *New Mathemathical Demonstrations of Euclid* London, 1817, British Museum

A grand eastern puzzle, hrsg. v. C. Davenporte und Co. Nr. 20 Grafton Street, East Euston Square.
Auf Seite 3 von C. Reads ›Tangrams 330 Puzzles‹ ist das Titelblatt dieses Spiels abgedruckt.

Gioco cinese chiamato il rompicapo Milano, 1818
In Santi ›Bibliografia del' Enigmistica‹ unter Nr. 682

Al gioco cinese chiamato il rompicapo appendice
Mailand, bei Pietro e Giuseppe Vallardi, 1818

Metamorfosi del giuoco detto l'enimma cinese
1818
Unter dem Stichwort ›puzzle‹ in R. A. Peddies ›Subject index of books‹ London 1939 erwähnt.

Supplemento al nuovo giuoco cinese
Milano, Presso li Fratelli Bettalli, nicht datiert
Bibliothek Mailand. Um 1818
Das Alphabet und die arabischen Ziffern sind hier identisch mit den Abbildungen im ›Appendice‹, Mailand 1818

Le véritable casse-tête, ou énigmes chinoises
Paris, bei Canu Graveur, Rue St. Jacques
British Museum
Nicht datiert. Um 1820

Nouveau casse-tête français Stedelijk Museum Zutphen
Ortsangabe fehlt, nicht datiert. Um 1820

Williams, W. New Mathemathical Demonstrations of Euclid British Museum
London, 1817.

A grand eastern puzzle
uitgegeven door C. Davenporte and Co., No. 20 Grafton Street East Euston Square.
Op pagina 3 van R. C. Read's ›Tangrams 330 Puzzles‹ wordt de titelpagina van dit spel afgebeeld.

Gioco cinese chiamato il rompicapo
Milaan 1818.
Santi ›Bibliografia del' Enigmistica‹ onder no. 682.

Al gioco cinese chiamato il rompicapo appendice
Milaan, gedrukt bij Pietro en Giuseppe Vallardi, 1818.

Metamorfosi del giuoco detto l'enimma cinese
dat. 1818.
Onder het hoofdje ›puzzle‹ vermeld in R. A. Peddie's ›Subject index of books‹. London, 1939.

Supplemento al nuovo giuoco cinese
bibliotheek Milaan
Milaan, gedrukt bij de gebr. Fratelli Bettalli
zonder datum. Omstreeks 1818
Het hierin afgebeelde alfabet en de Arabische cijfers zijn gelijk aan die, welke in de ›Appendice‹, Milaan (1818), staan afgebeeld.

Le véritable casse-tête, ou énigmes chinoises
British Museum
Parijs, uitgegeven door Canu Graveur Rue S. Jacques, zonder datum. Omstreeks 1820

Nouveau casse-tête français.
Stedelijk Museum Zutphen
zonder datum, zonder plaats. Omstreeks 1820

The fashionable chinese puzzle
Ein Spielbuch mit diesem Titel wurde von Dudeney aus dem Nachlaß von Lewis Carrol gekauft. Es umfaßt 323 Beispiele. Erwähnt auf Seite 4 von R. C. Read's ›Tangrams 330 Puzzles‹

The fashionable chinese puzzle
New York, A. T. Goodrich & Co., 1818
American Antiquarian Society Library
Es ist gut möglich, daß dieses Spielbuch zurückgreift auf ›The fashionable chinese puzzle‹ von L. Carrol. In beiden Büchern ist der Text über Napoleon wörtlich derselbe. Im amerikanischen Buch sind den 323 deutlich chinesischen Beispielen 39 neue Beispiele beigefügt. Eins der chinesischen Tangram-Bücher aus den oben genannten Mustern befindet sich jetzt im British Museum (N 15257 d 13). Der Titel ist: ›Ch'i Ch'iao t'u ho-pi‹.

The fashionable chinese puzzle
New York Public Library
Ortsangabe fehlt, nicht datiert.

Scientific Amusements. For the old and the young, the grave and the gay, designed for centre table and fire side recreation. By C. C. C. Philadelphia. Stereotyped by S. Douglas Wyeth 1844. Dieses Spiel enthält 315 Muster und ist die einzige westliche Veröffentlichung, die eigens ein Buch mit Lösungen hat.

Casse-tête chinois Stedelijk Museum Zutphen
Paris, hrsg. von Coqueret, nicht datiert. Um 1850. Dieses Spiel enthält eine Auslese von 72 Beispielen aus den 342 Beispielen von ›Le véritable casse-tête, ou énigmes chinoises‹.

The fashionable chinese puzzle
Een spelboek met deze titel werd door Dudeney gekocht uit de nalatenschap van Lewis Carrol. Het bevat 323 voorbeelden. Op pagina 4 van R. C. Read's ›Tangrams 330 Puzzles‹

The fashionable chinese puzzle
American Antiquarian Society Library
New York, A. T. Goodrich & Co. 1818.
Het is heel wel mogelijk dat dit Amerikaanse spelboek overgenomen is van ›The fashionable chinese puzzle‹ van Lewis Carrol. In beide boeken is de tekst over Napoleon woordelijk hetzelfde.
In het Amerikaanse boek zijn aan de 323 duidelijk Chinese voorbeelden 39 nieuwe toegevoegd. Een van de Chinese tangramboeken die voor de bovengenoemde 323 Chinese voorbeelden model gestaan kan hebben is nu in het bezit van het British Museum.
(N 15257 d 13) titel: Ch'i Ch'iao t'u ho-pi

The fashionable chinese puzzle.
New York Public Library
zonder plaats, zonder datum.

Scientific Amusements. For the old and the young, the grave and the gay, designed for centre table and fire side recreation.
By C. C. C. Philadelphia. Stereotyped by S. Douglas Wyeth. 1844.
Dit spelboek is als enige westerse publikatie van een apart oplossingenboek voorzien en bevat 315 voorbeelden.

Casse-tête chinois Stedelijk museum Zutphen
Paris, Coqueret éditeur, zonder jaar. Omstreeks 1850. Dit spel bestaat uit een selektie van 72 voorbeelden uit de 342 voorbeelden van het spelboek ›Le véritable casse-tête, ou énigmes chinoises‹.

Vormspel. 1000 figuren uit 7 stenen te vormen. Hoogst interessant en leerzaam. Stedelijk Museum Zutphen
Ortsangabe fehlt, nicht datiert. Um 1850.

Der Kopfzerbrecher
Leipzig, Verlag der Leipziger Lehrmittelanstalt von Dr. Oskar Schneider.
Nicht datiert. Stedelijk Museum Groningen
Der ›Kopfzerbrecher‹, herausgegeben vom ›Verlag der Leipziger Lehrmittel‹, besser bekannt unter dem Namen ›Anker Spiele‹, ist durch die vielen Nachdrucke sehr weit verbreitet. Der Verleger hat nebst dem ›Kopfzerbrecher‹ andere Spiele, die dem Tangram-Spiel sehr ähnlich waren, herausgebracht, z. B. ›Der Blitzableiter‹, ein aus 11 Teilen bestehendes Rechteck.

Vormspel. 1000 figuren uit 7 steenen te vormen. Hoogst interessant en leerzaam.
Stedelijk museum Zutphen
zonder datum, zonder plaats.
dat. omstreeks 1850.

Der Kopfzerbrecher Stedelijk museum Groningen
Leipzig, Verlag der Leipziger Lehrmittelanstalt von Dr. Oskar Schneider.
zonder jaar.
Der ›Kopfzerbrecher‹ uitgegeven door de ›Verlag der Leipziger Lehrmittel‹, beter bekend onder de naam ›Anker Spiele‹, is door zijn veelvuldige heruitgave zeer verbreid geraakt.

De uitgever heeft naast de ›Kopfzerbrecher‹ een aantal op het tangramspel gelijkende spellen op de markt gebracht b. v. ›Der Blitzableiter‹, een in 11 stukjes verdeelde rechthoek.

1

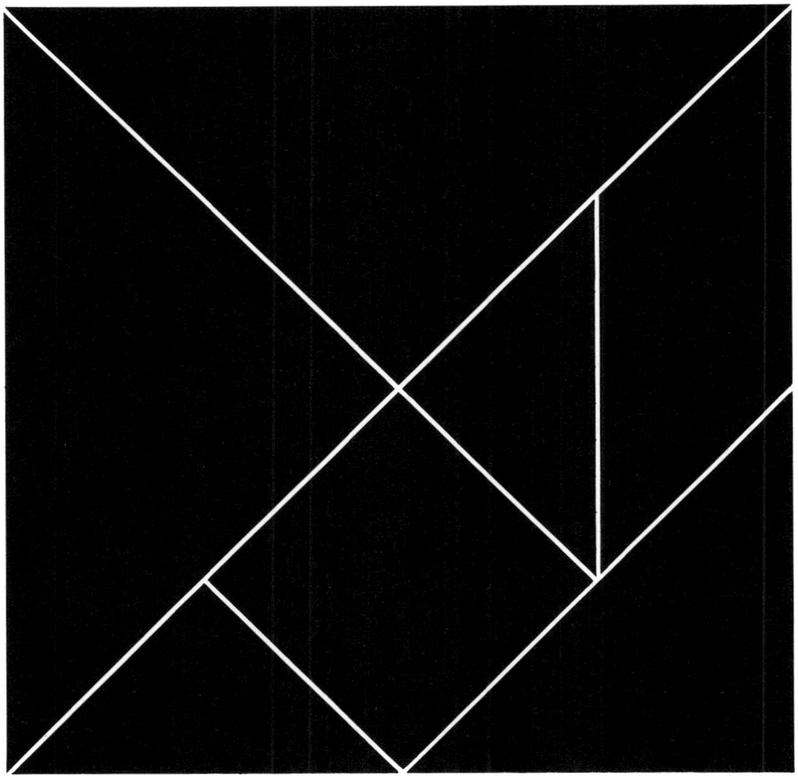

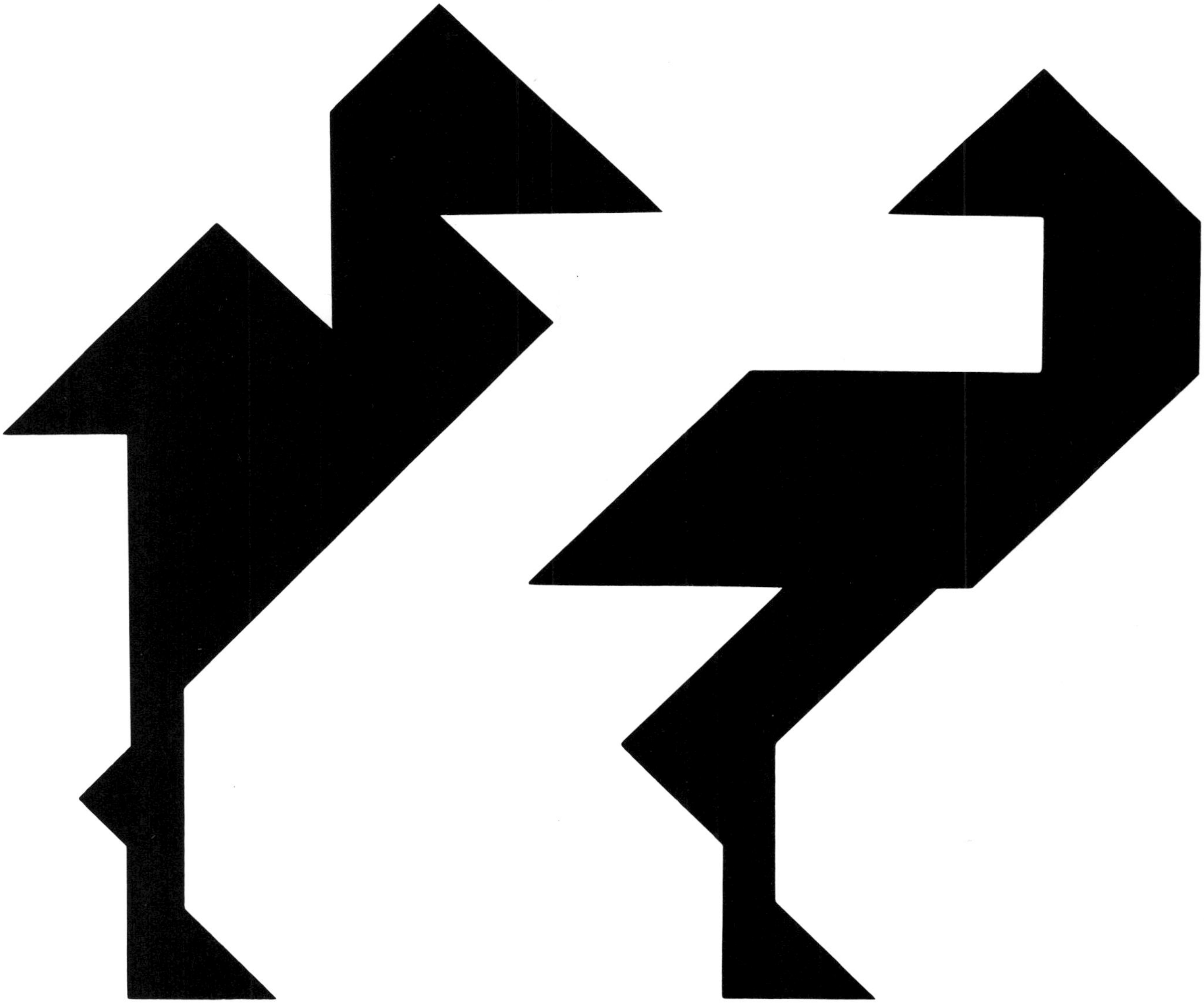

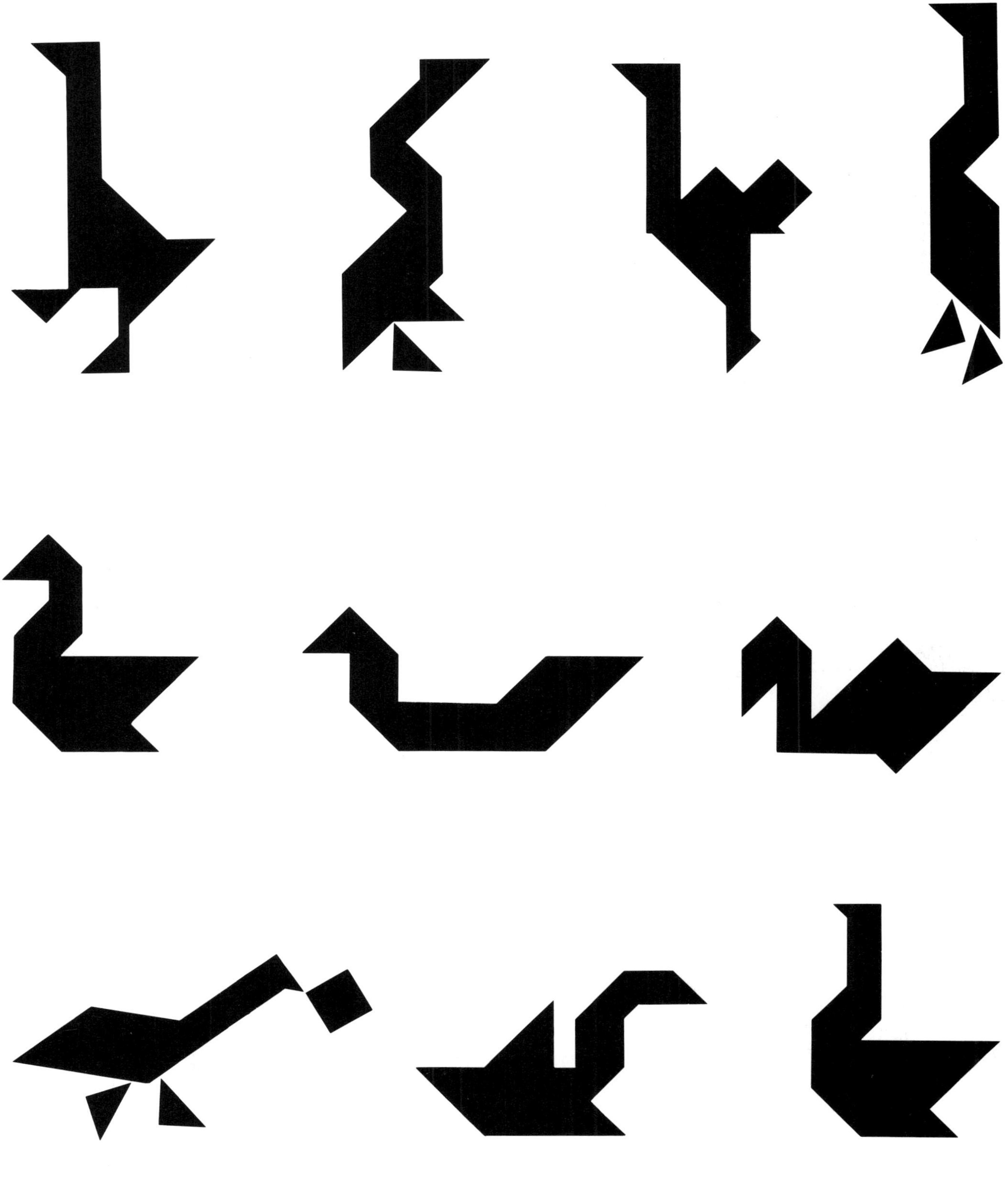

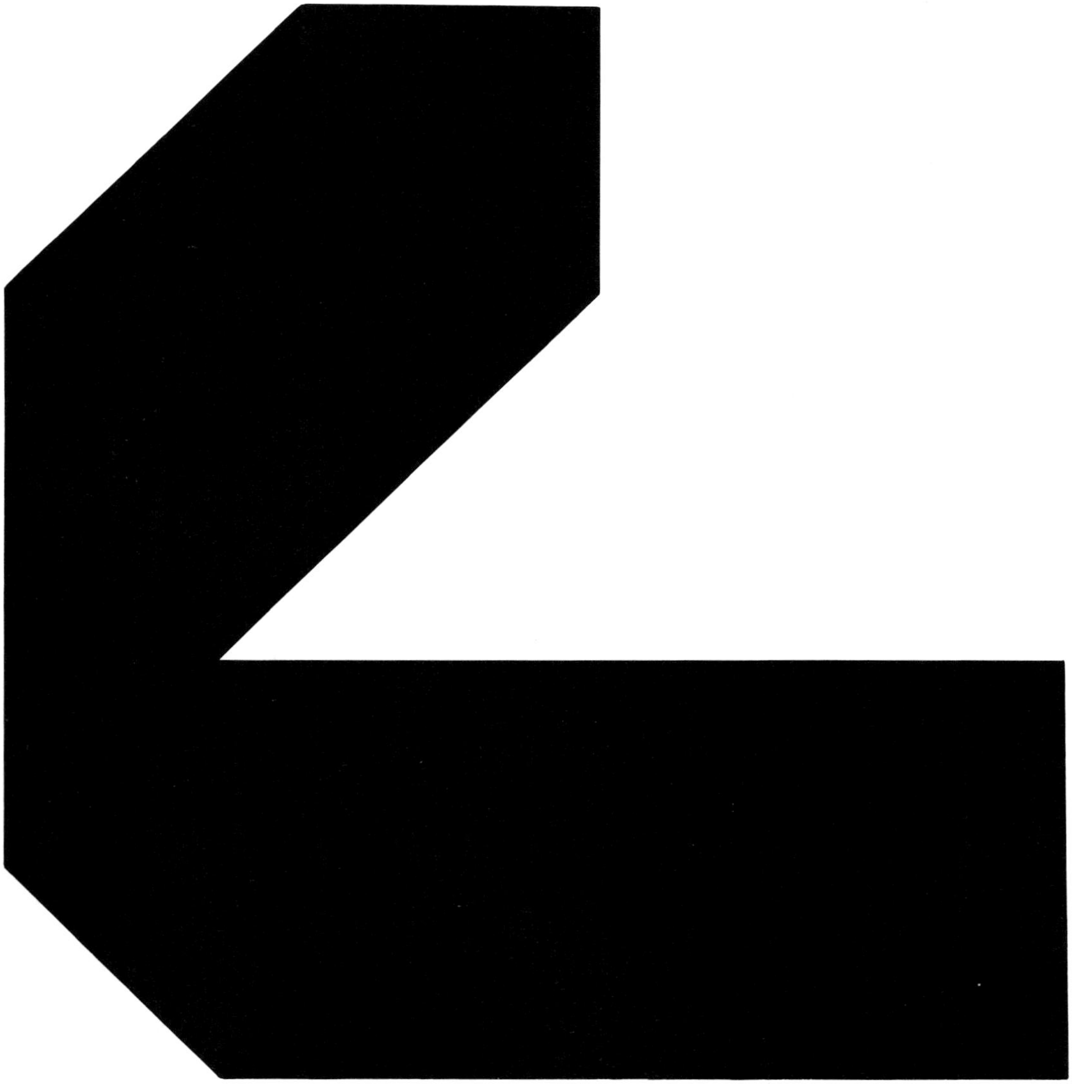

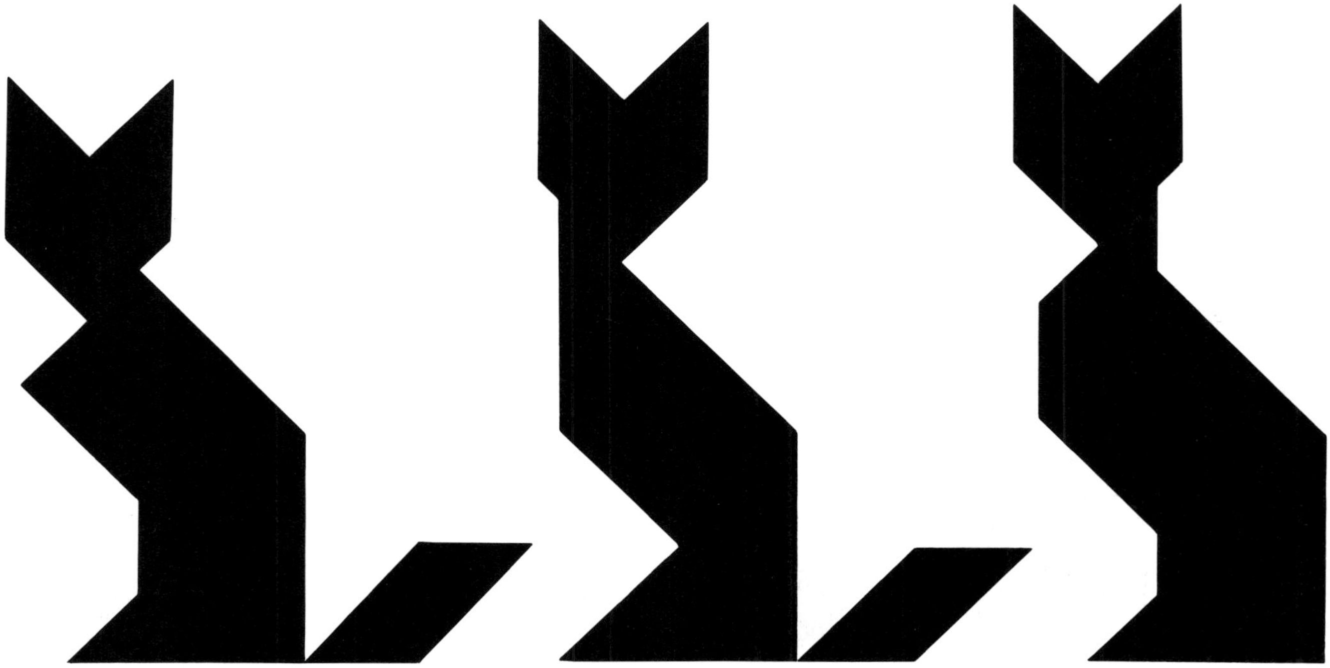

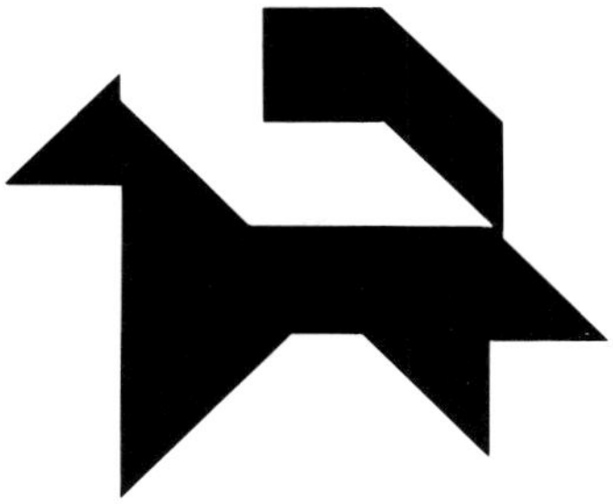

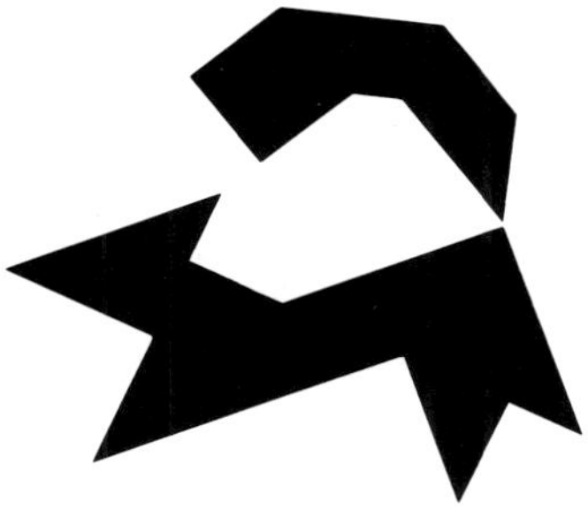

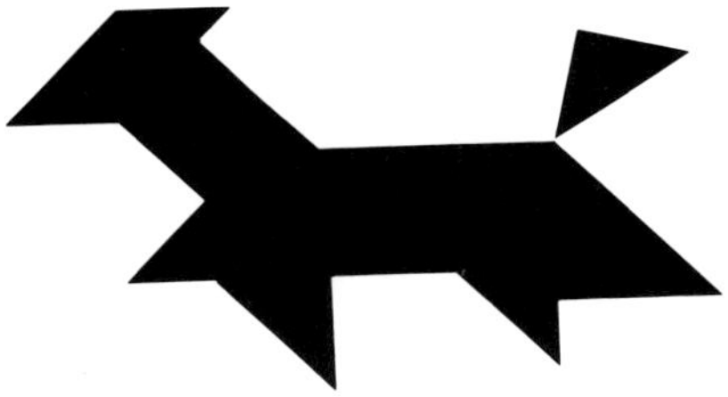

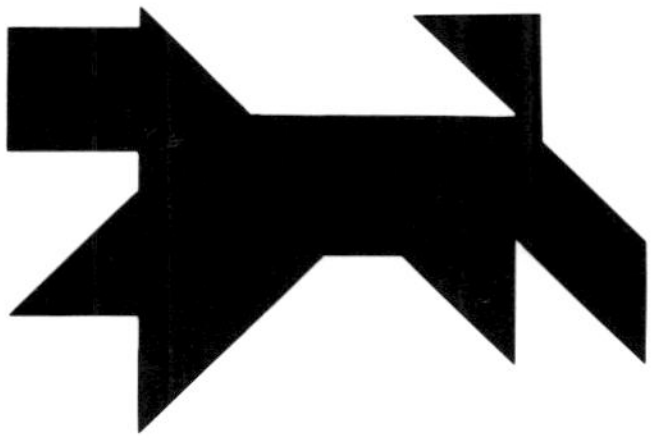

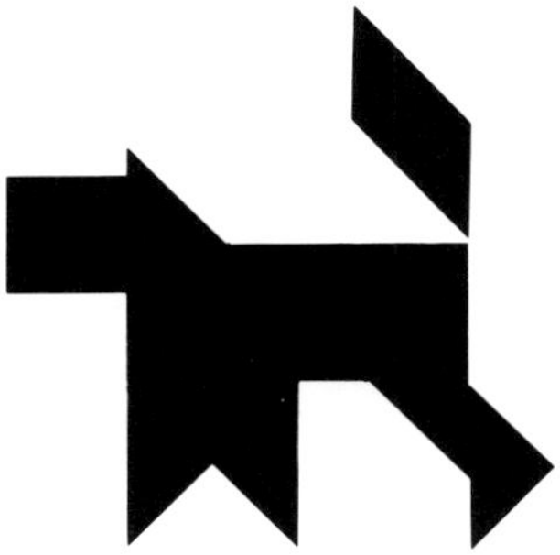

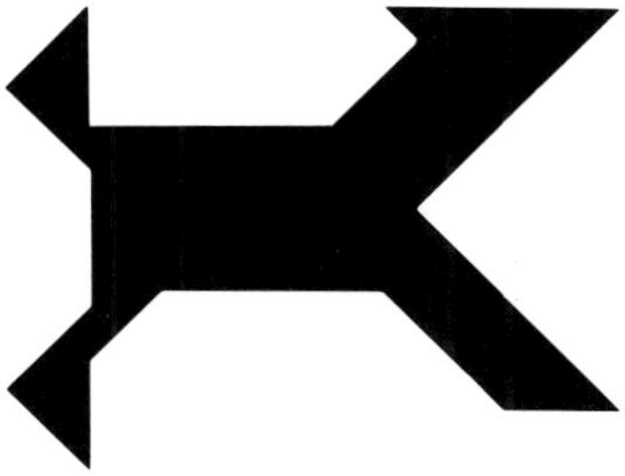

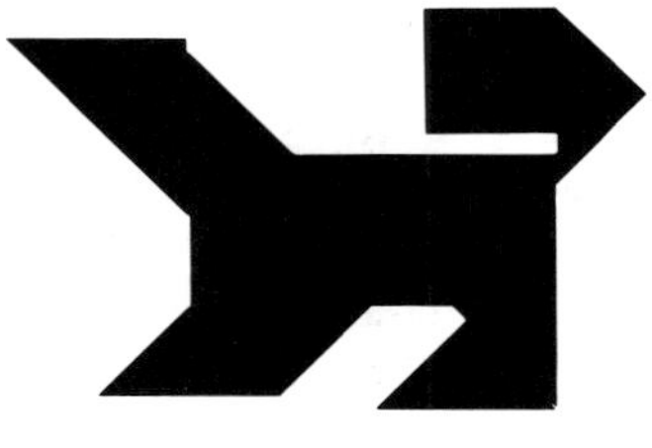

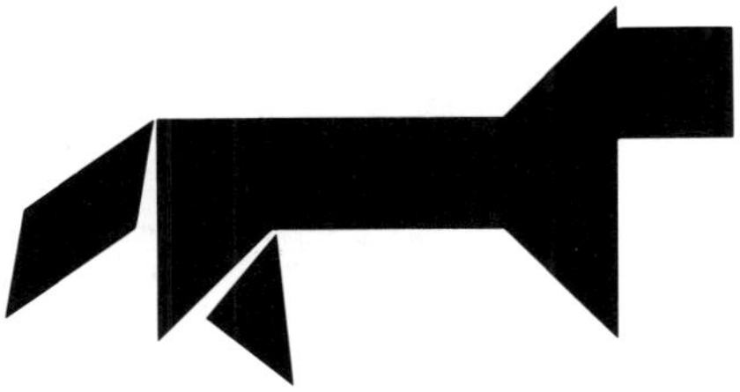

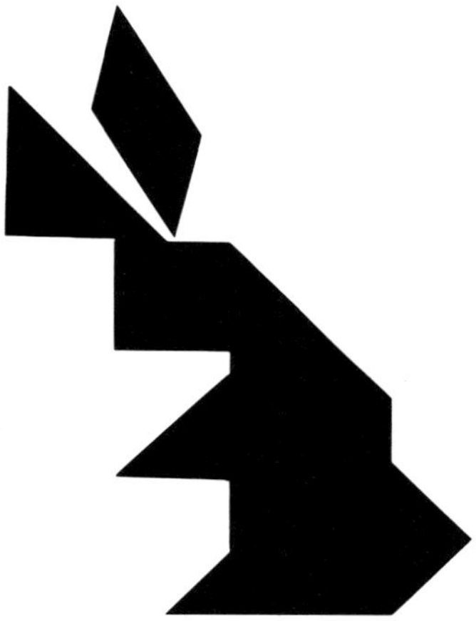
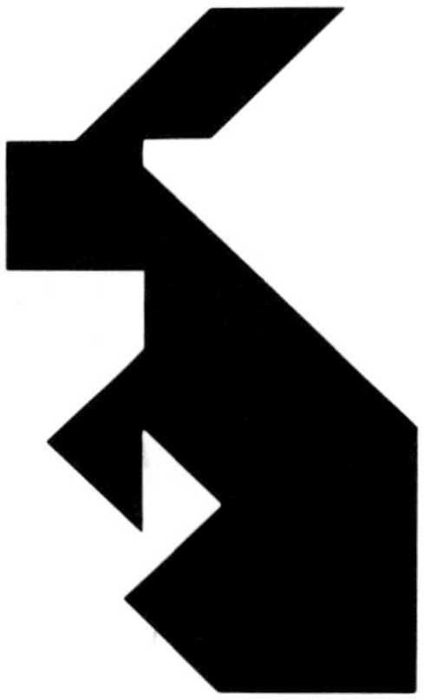
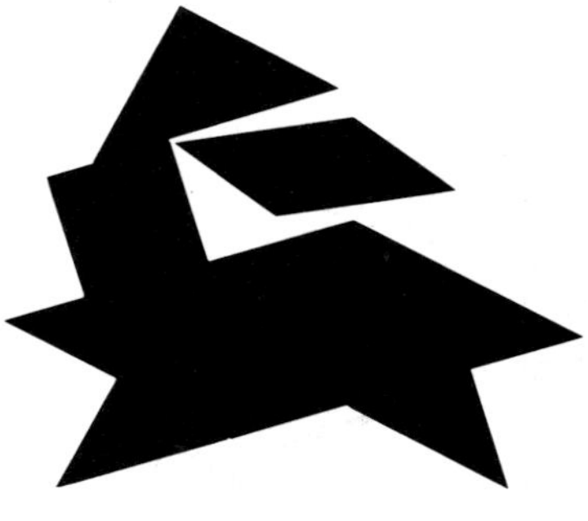

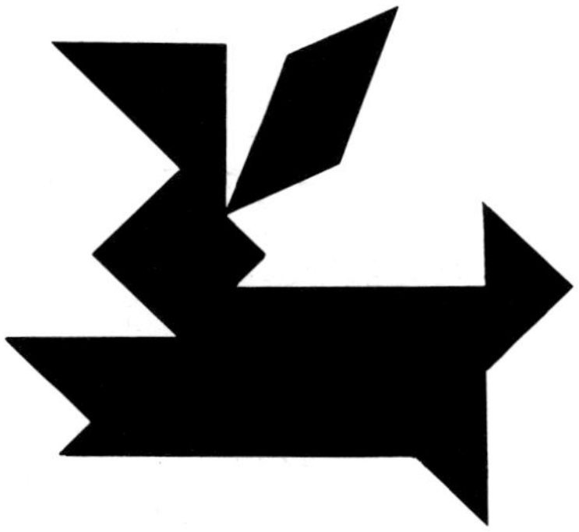

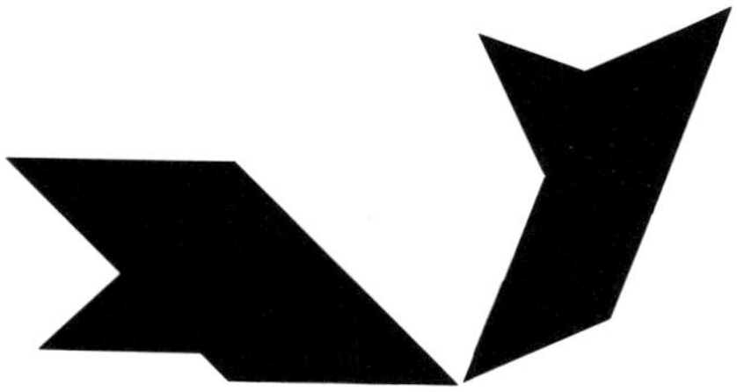

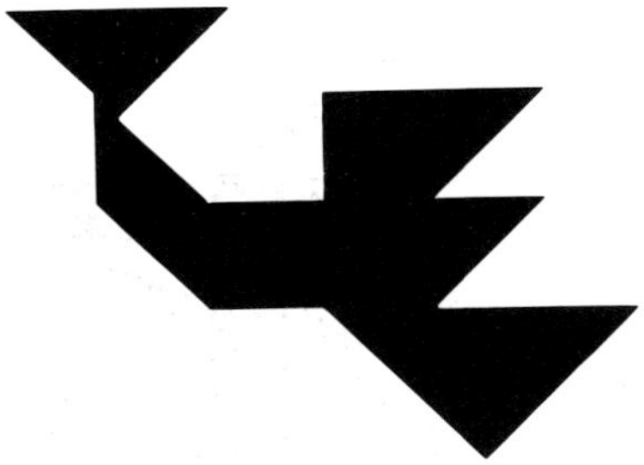
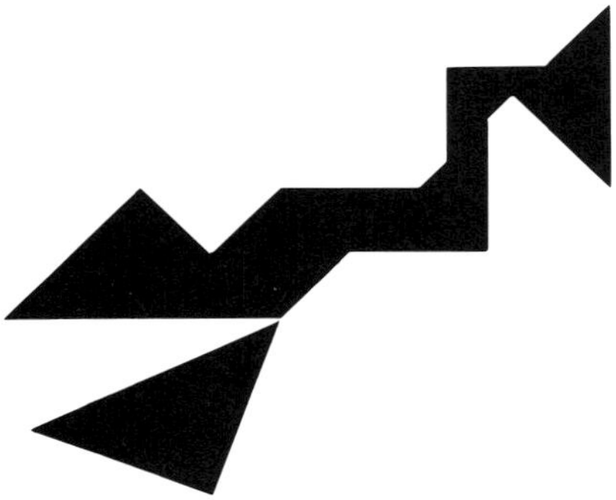

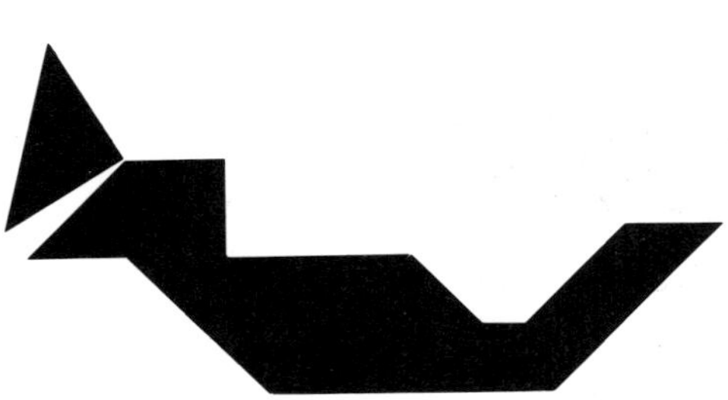

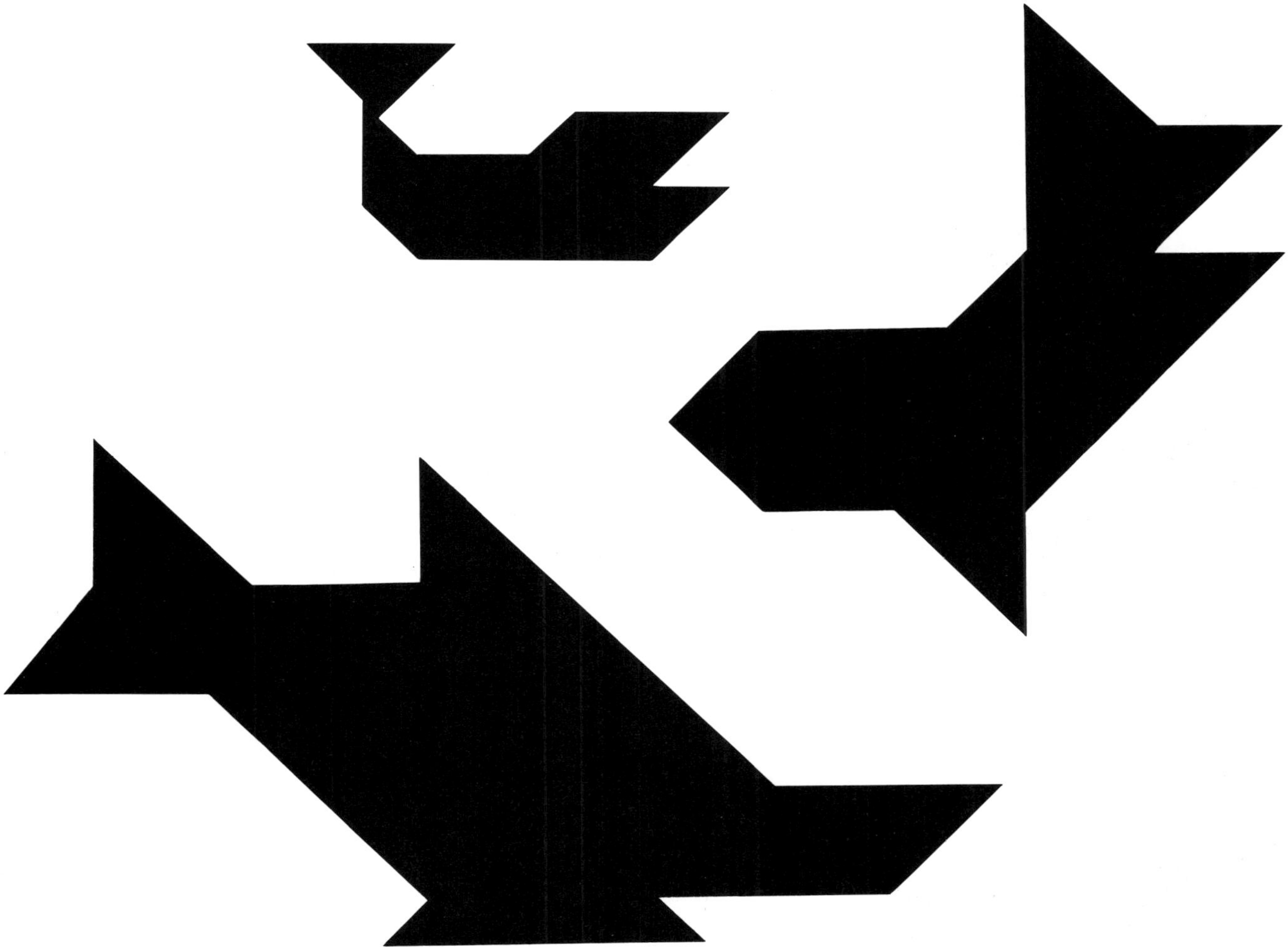

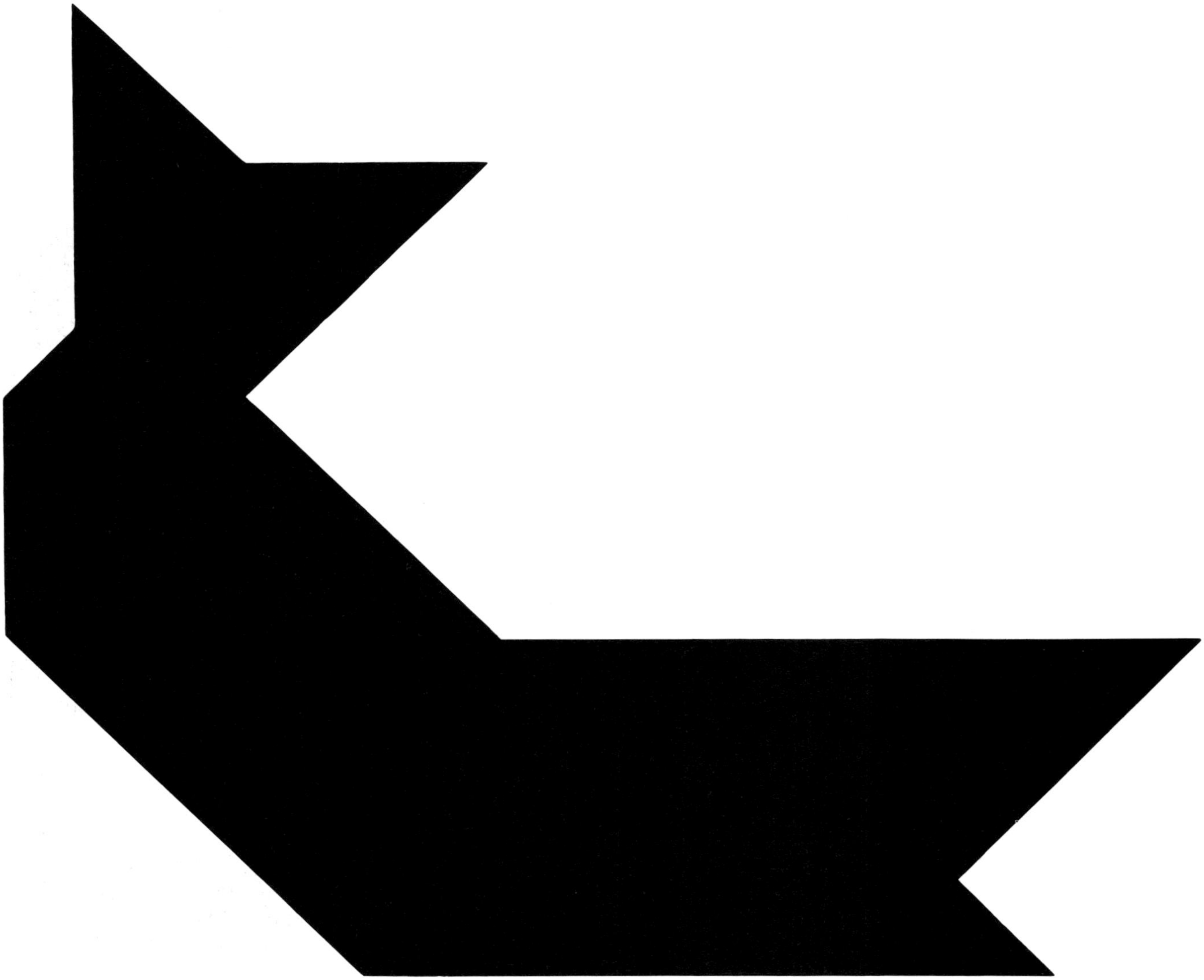

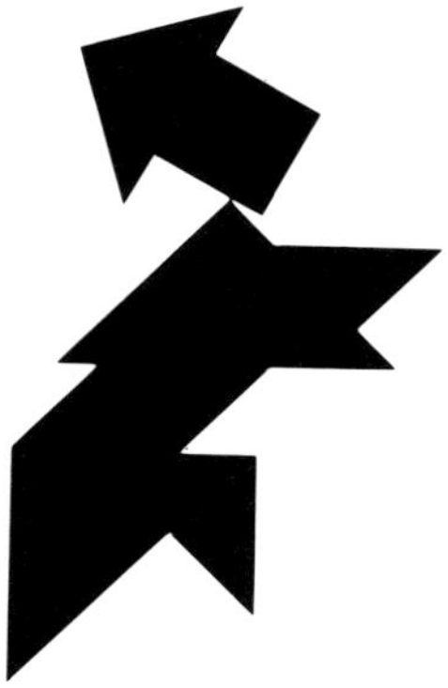
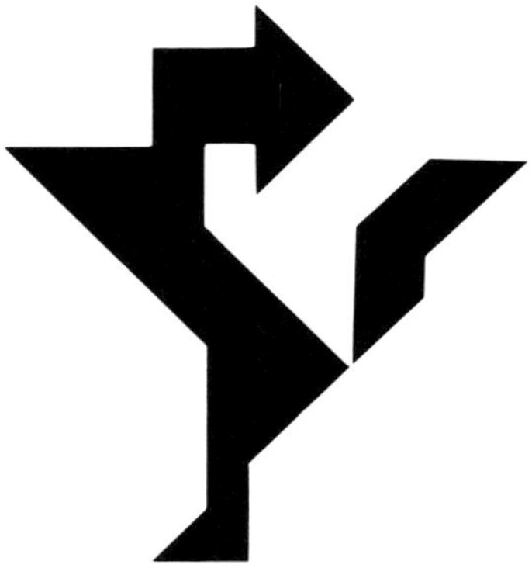

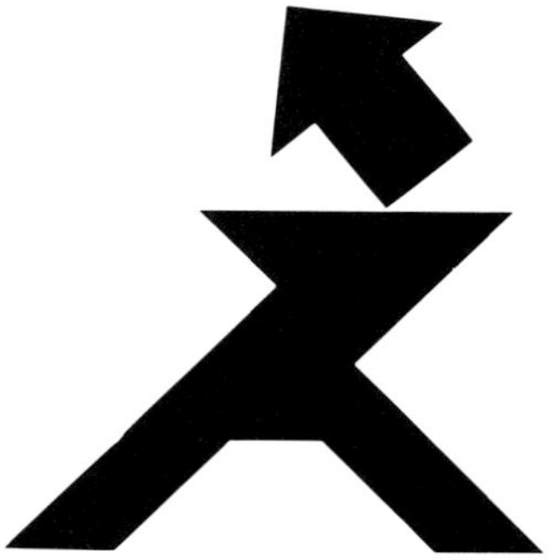
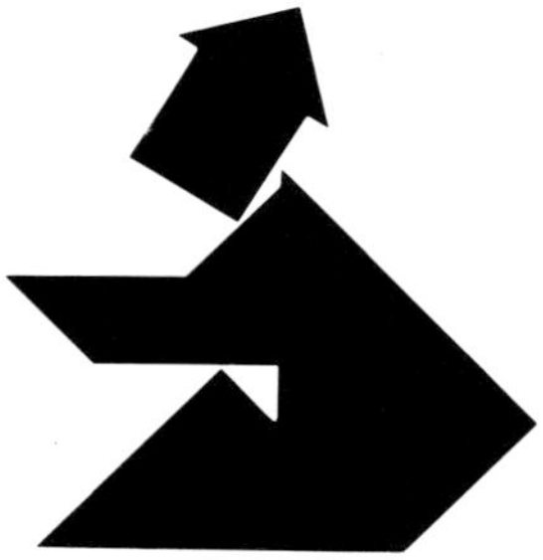
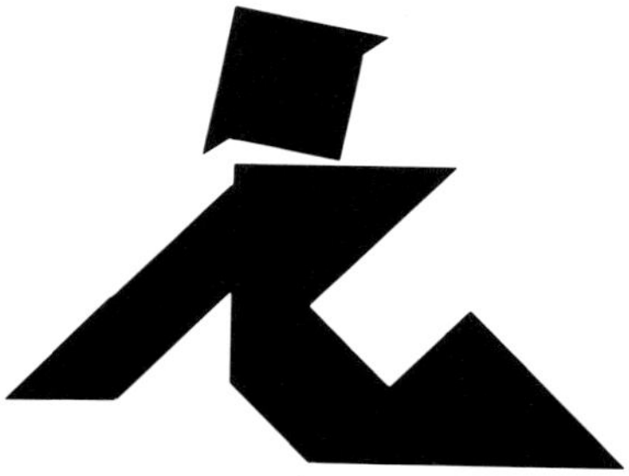
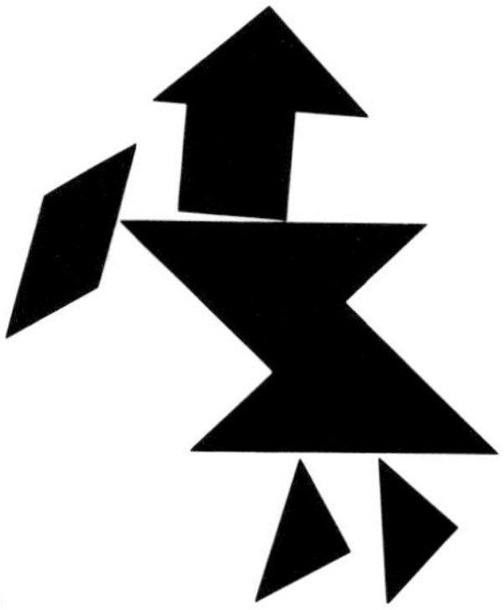

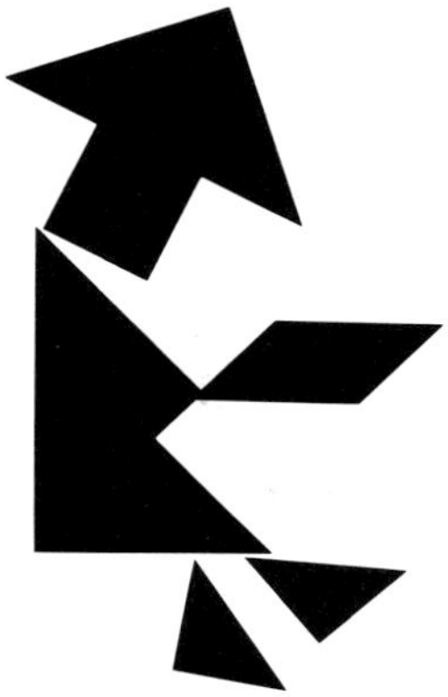

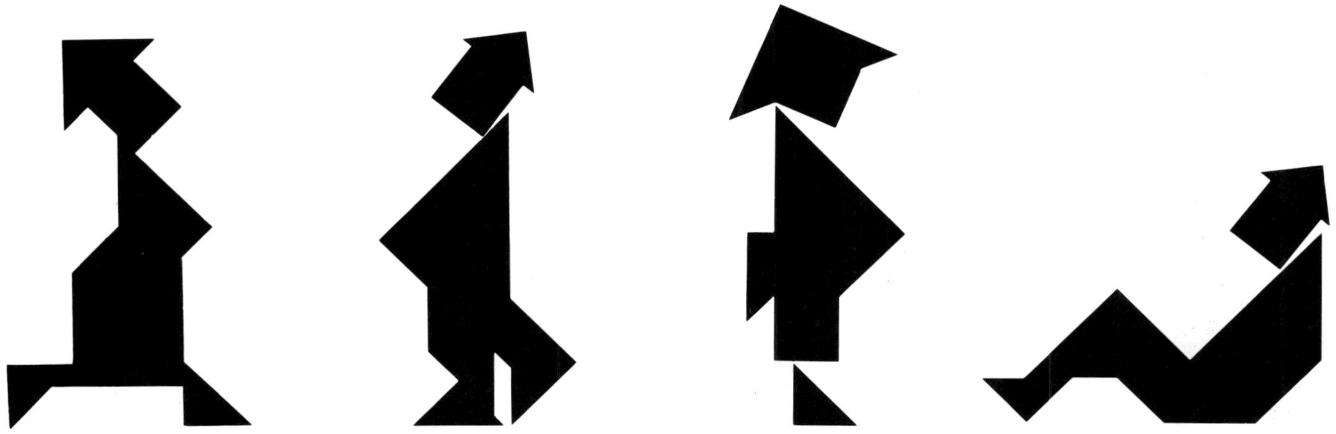

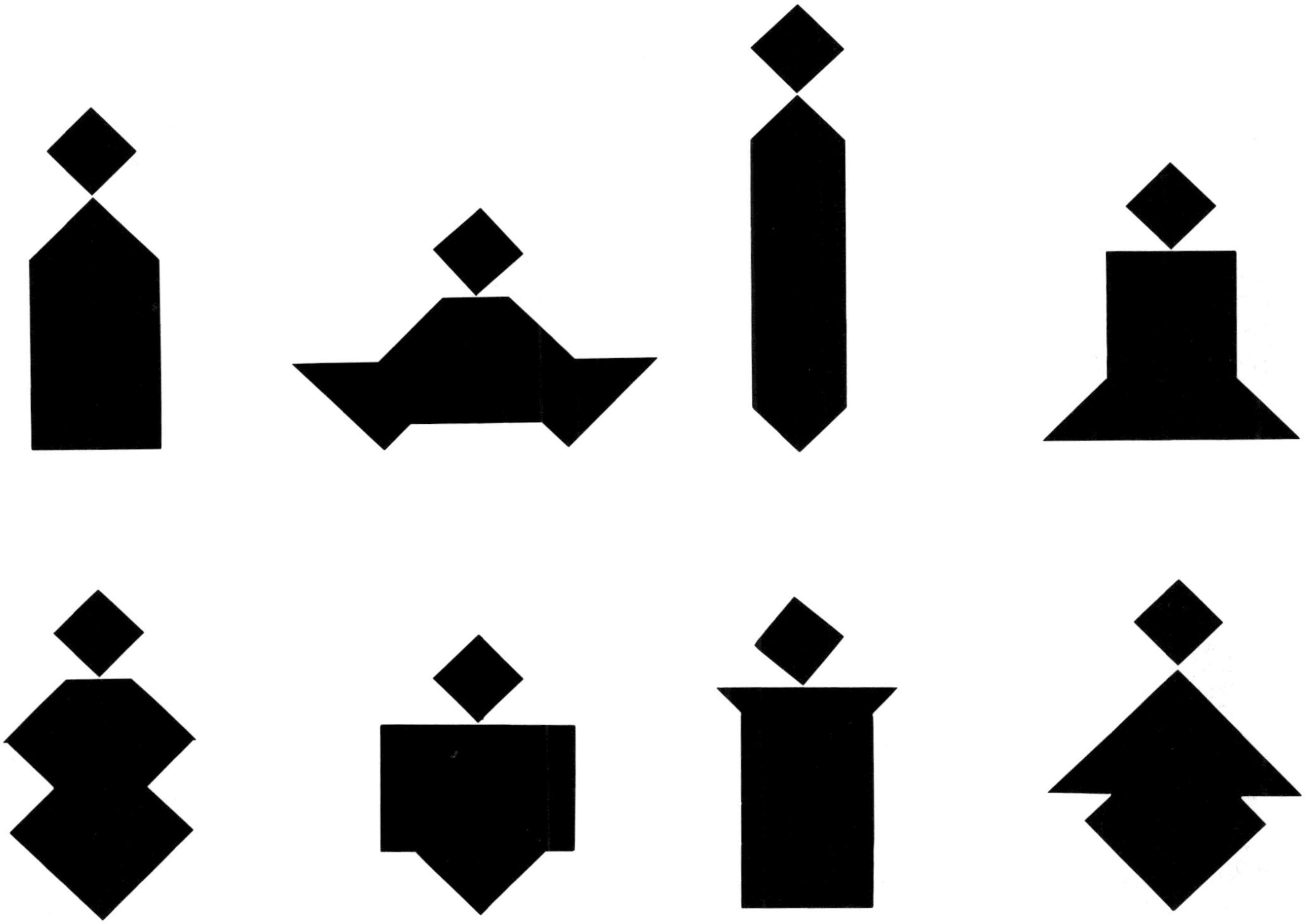

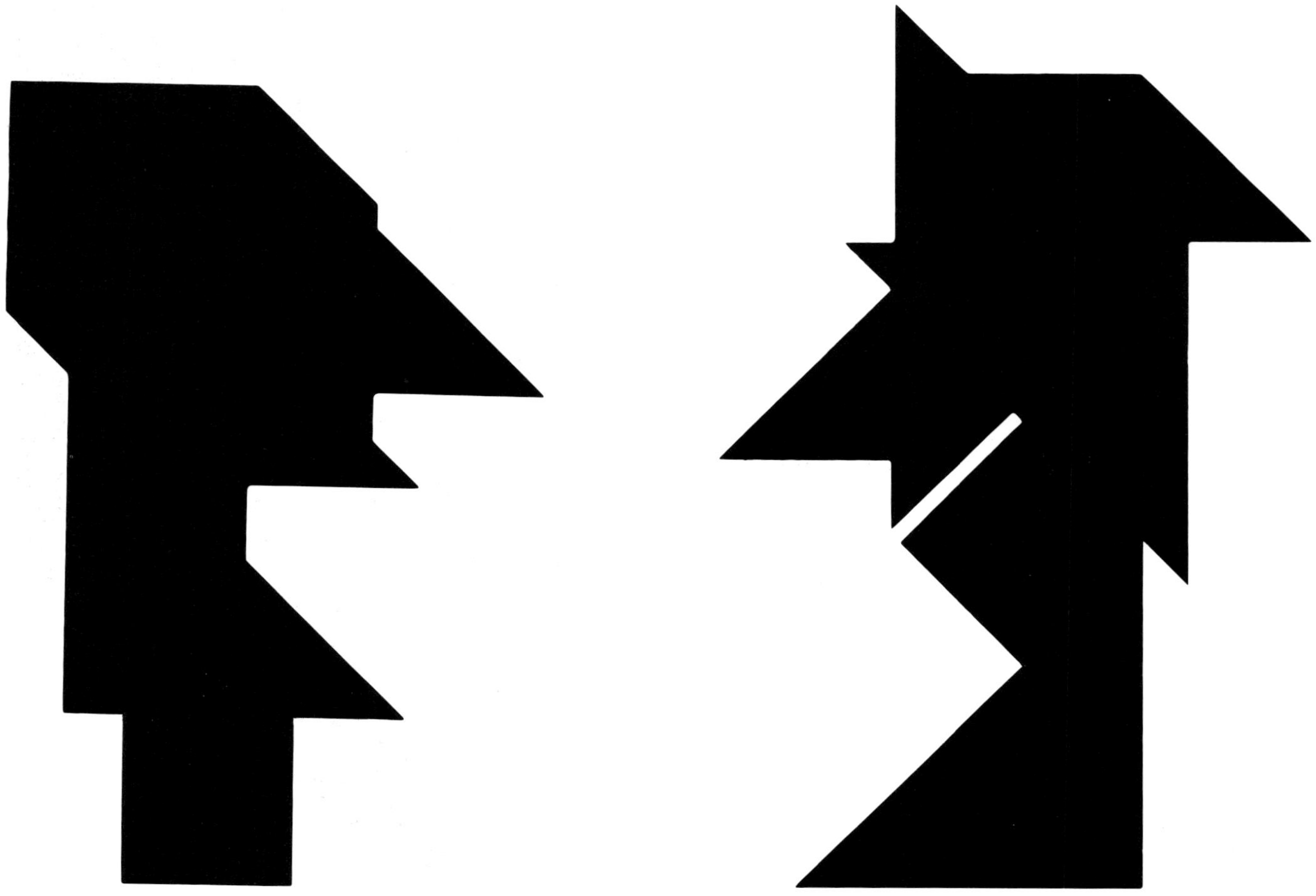

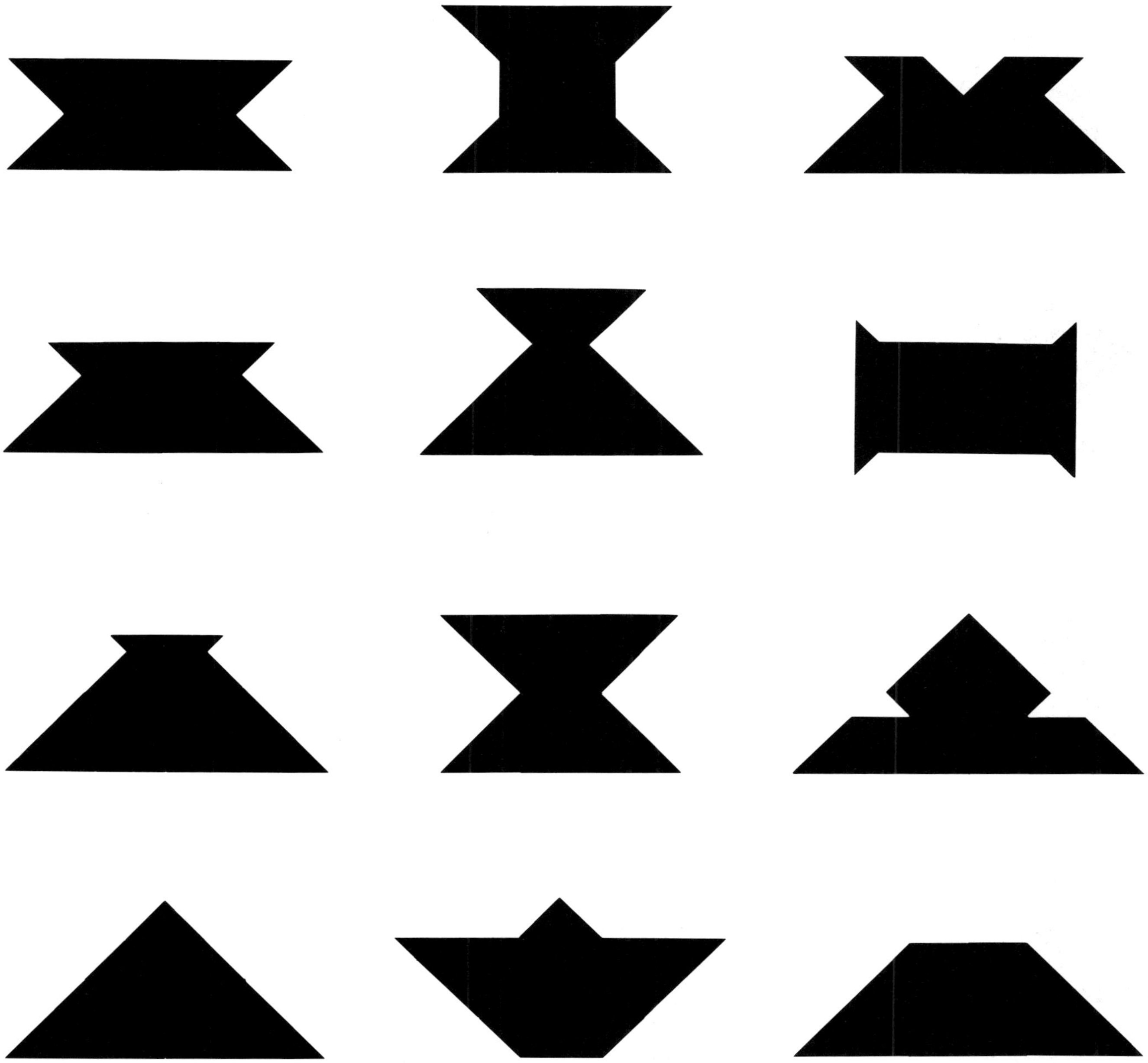

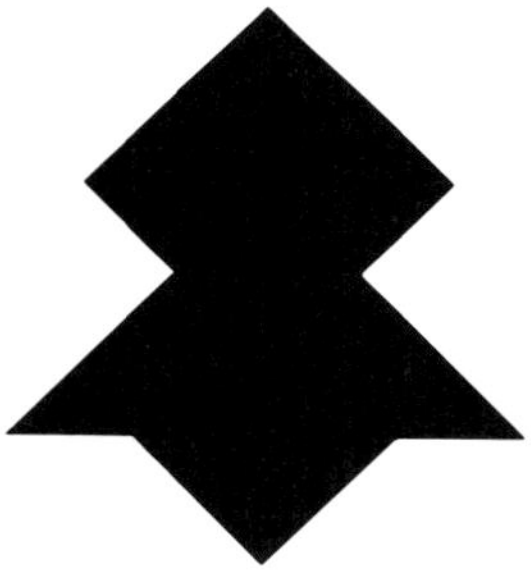

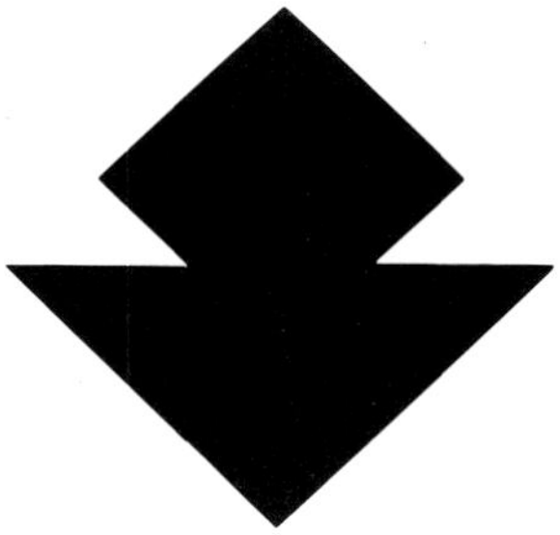

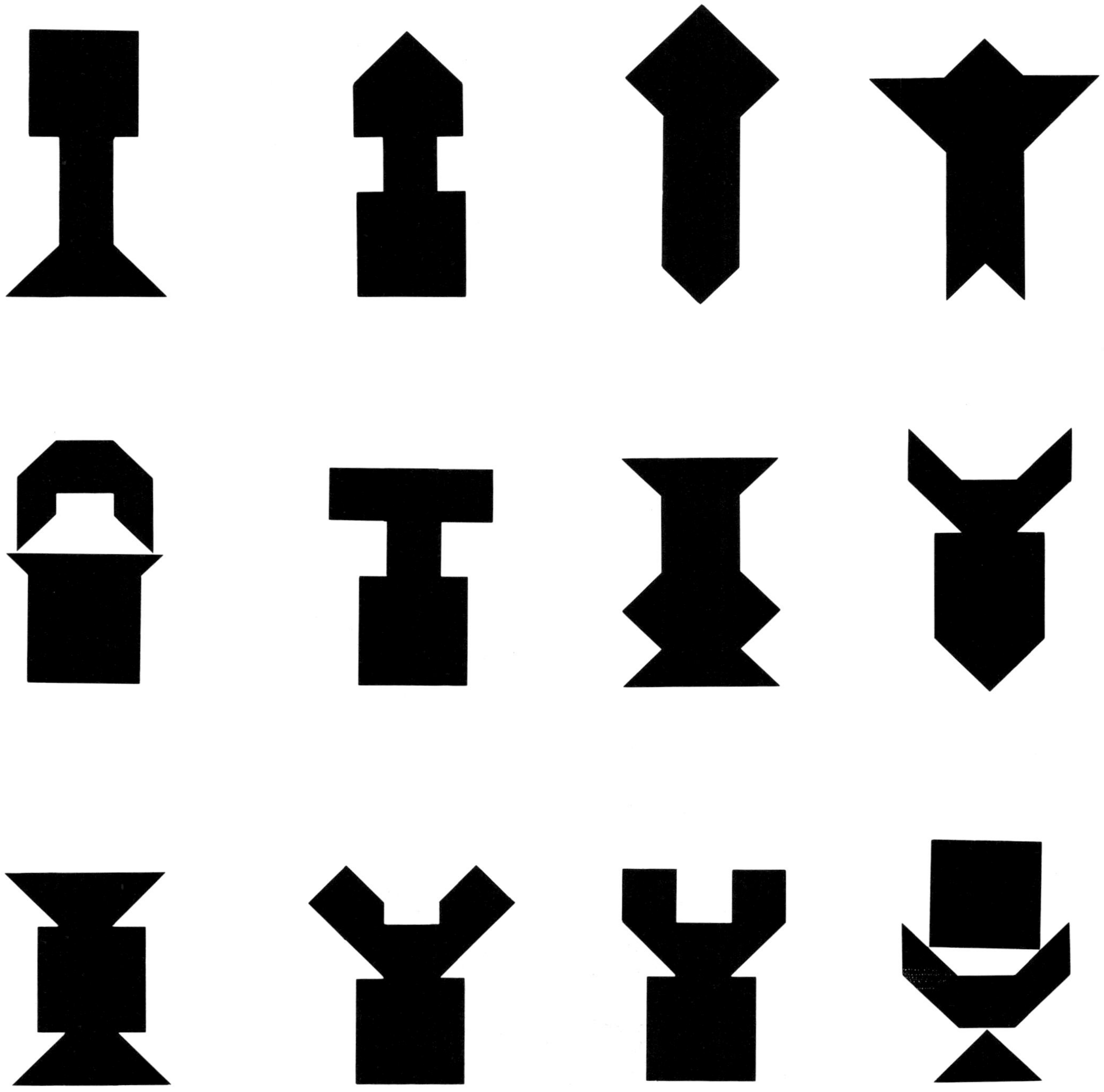

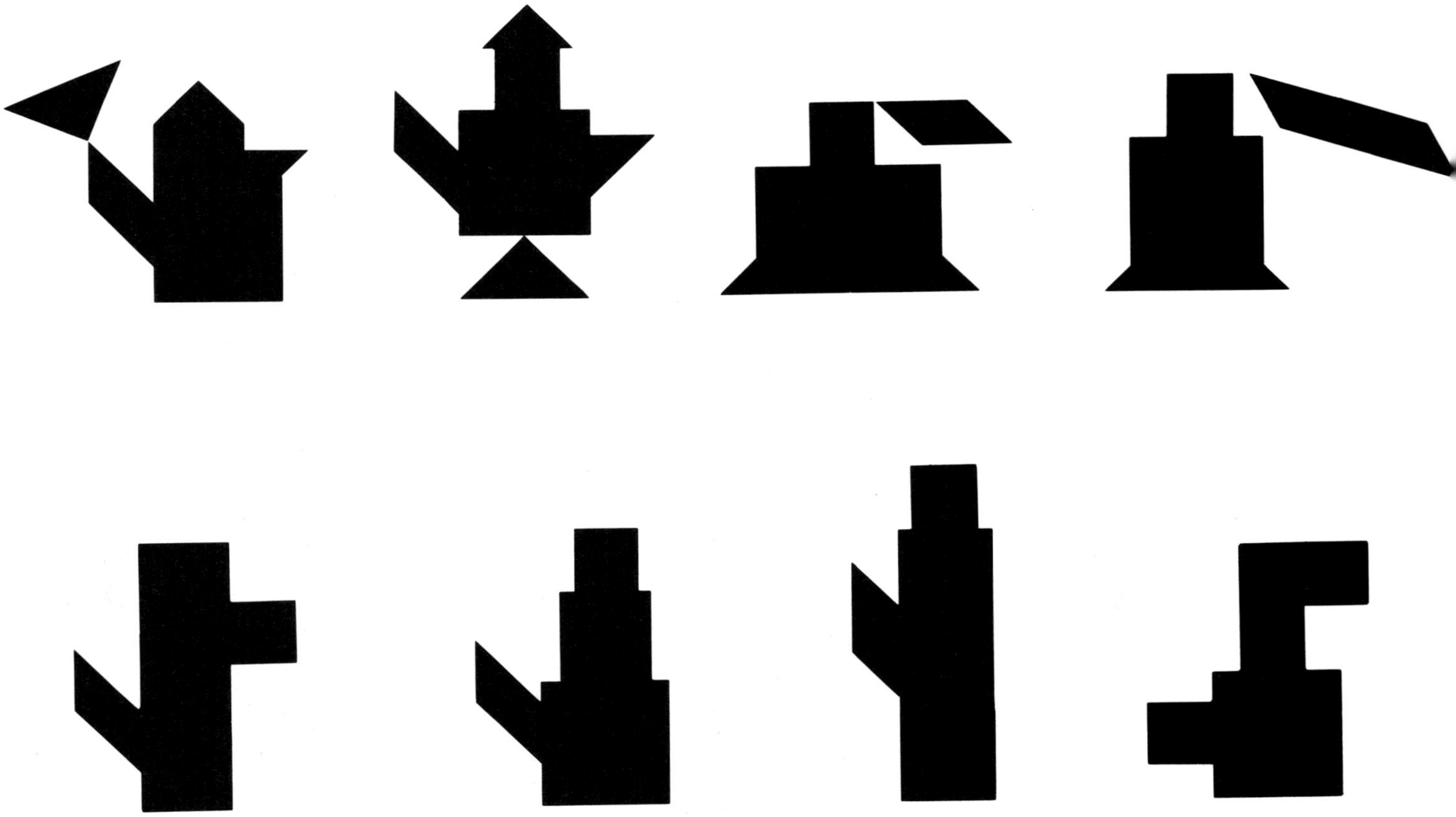

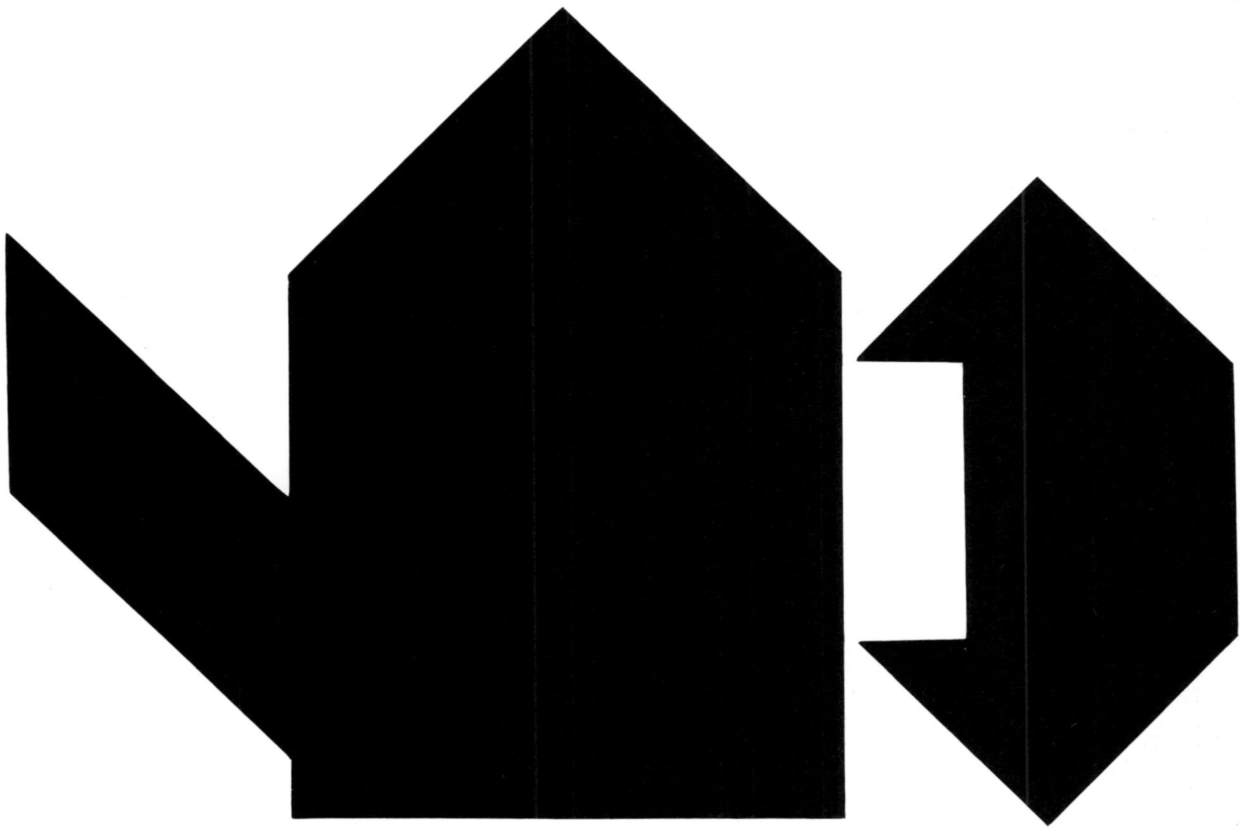

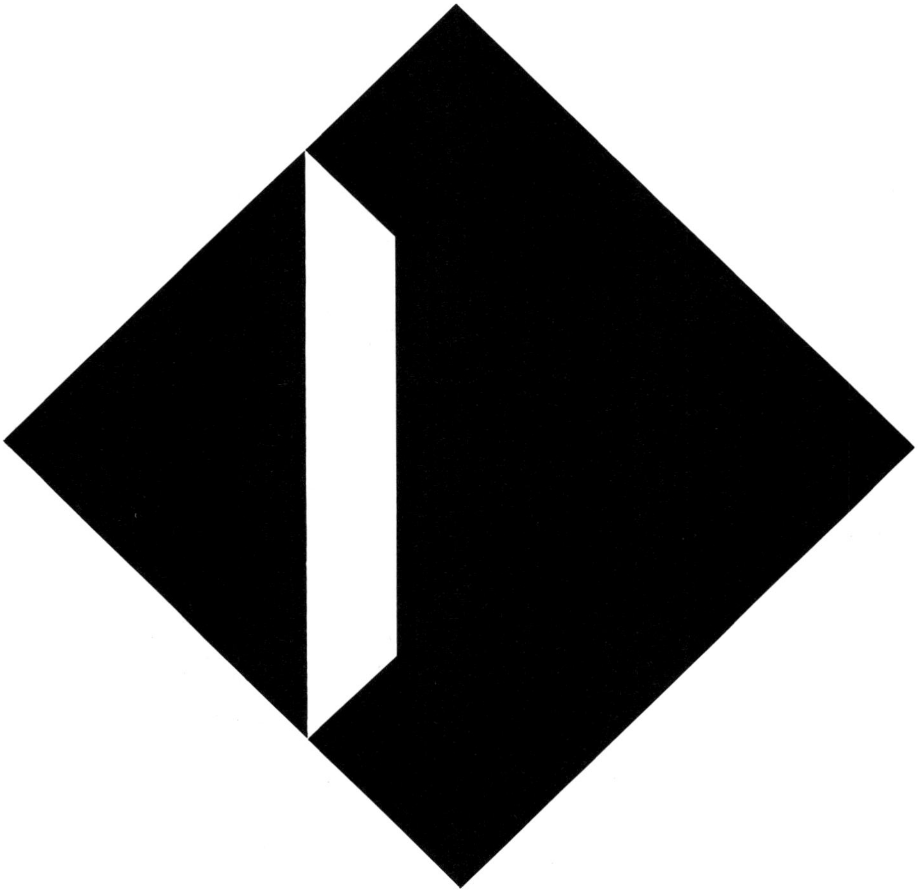

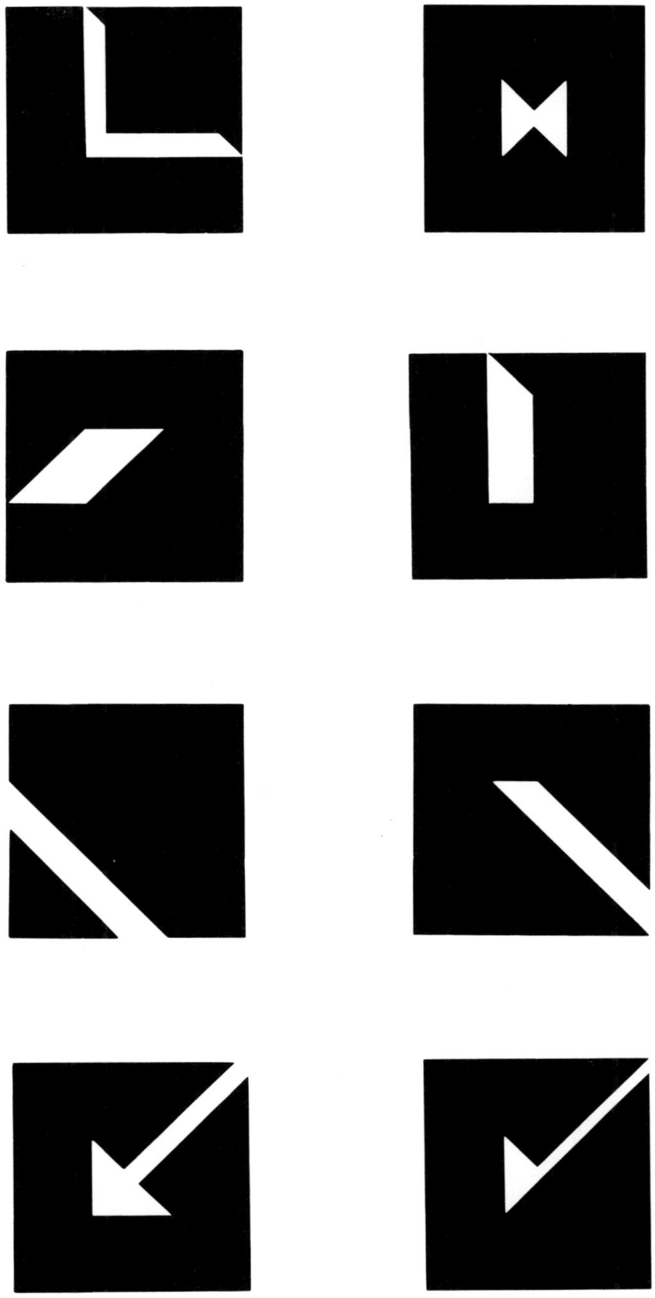

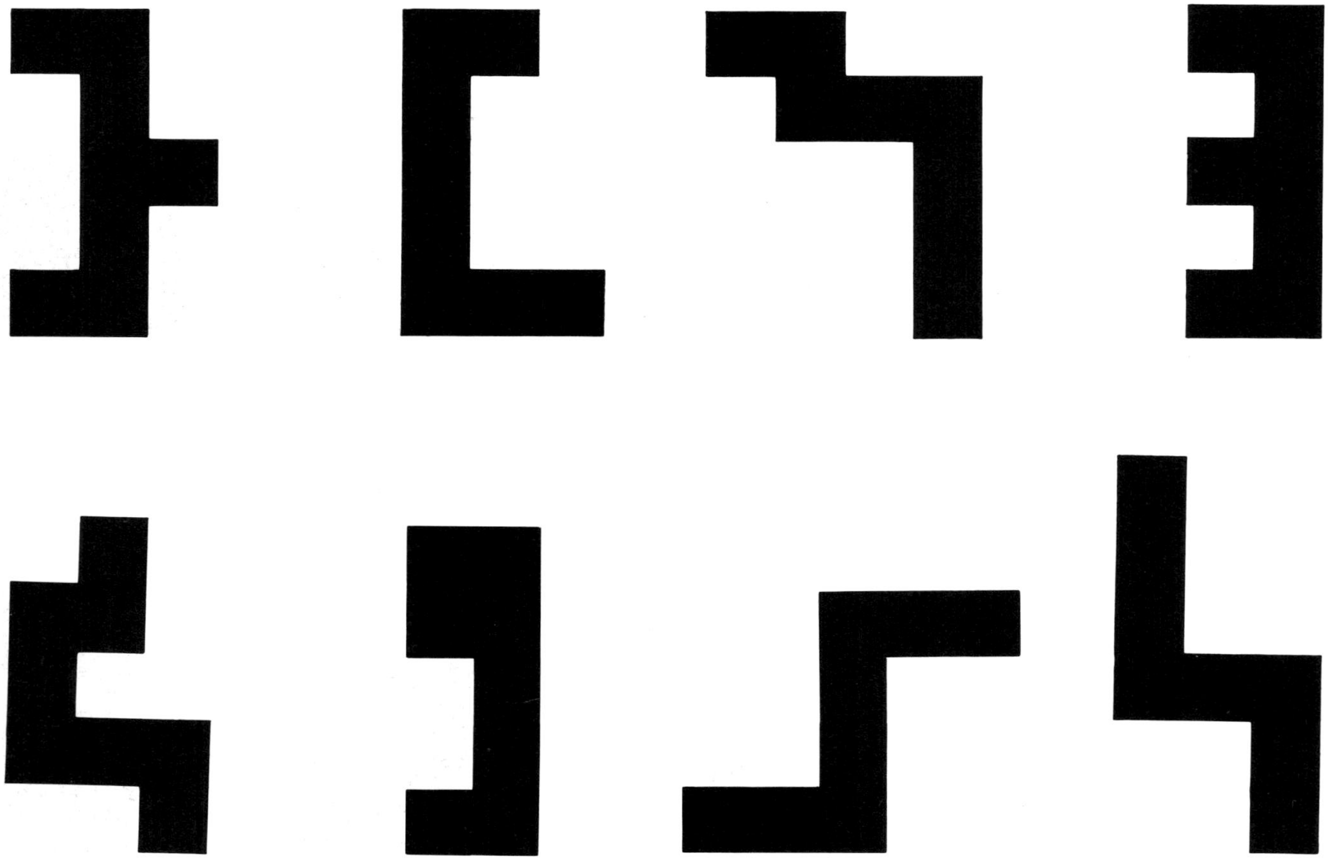

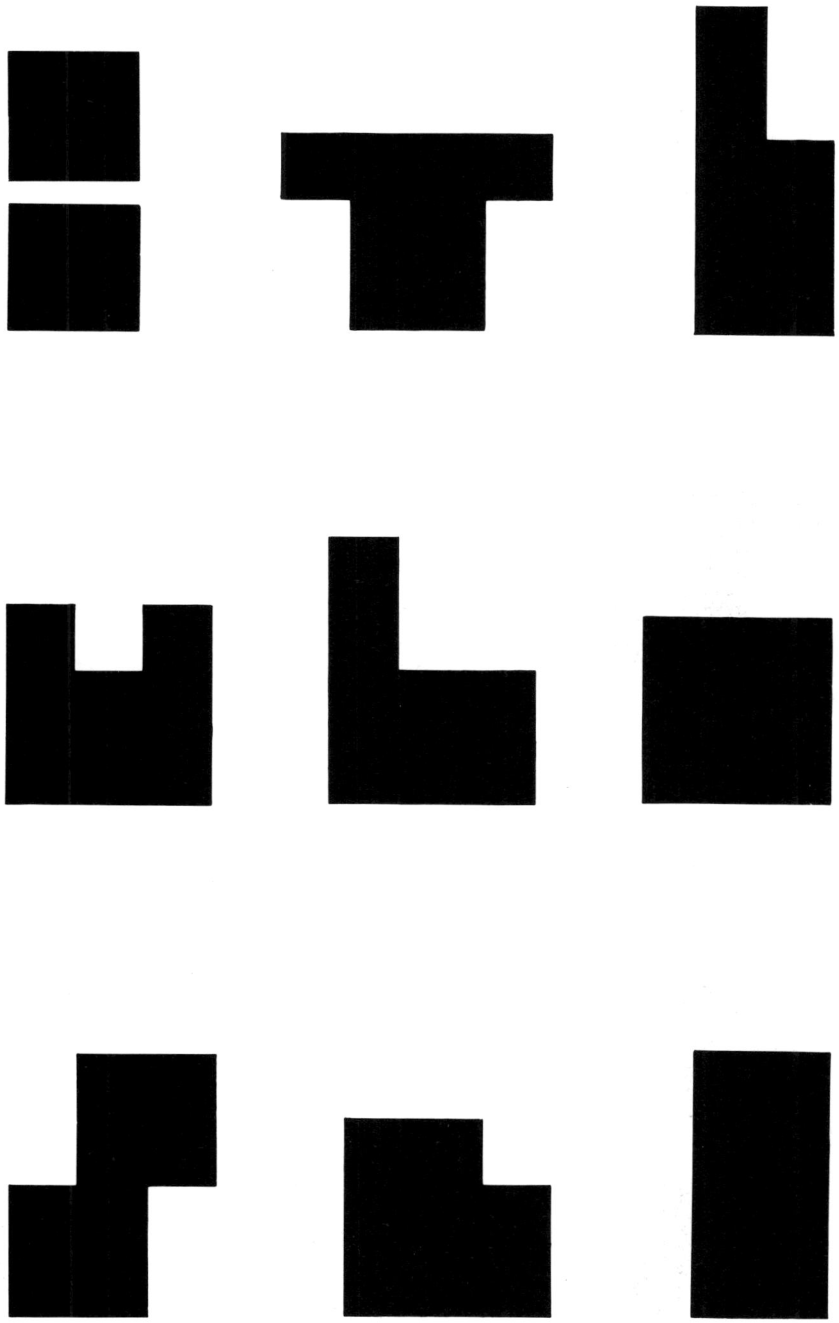

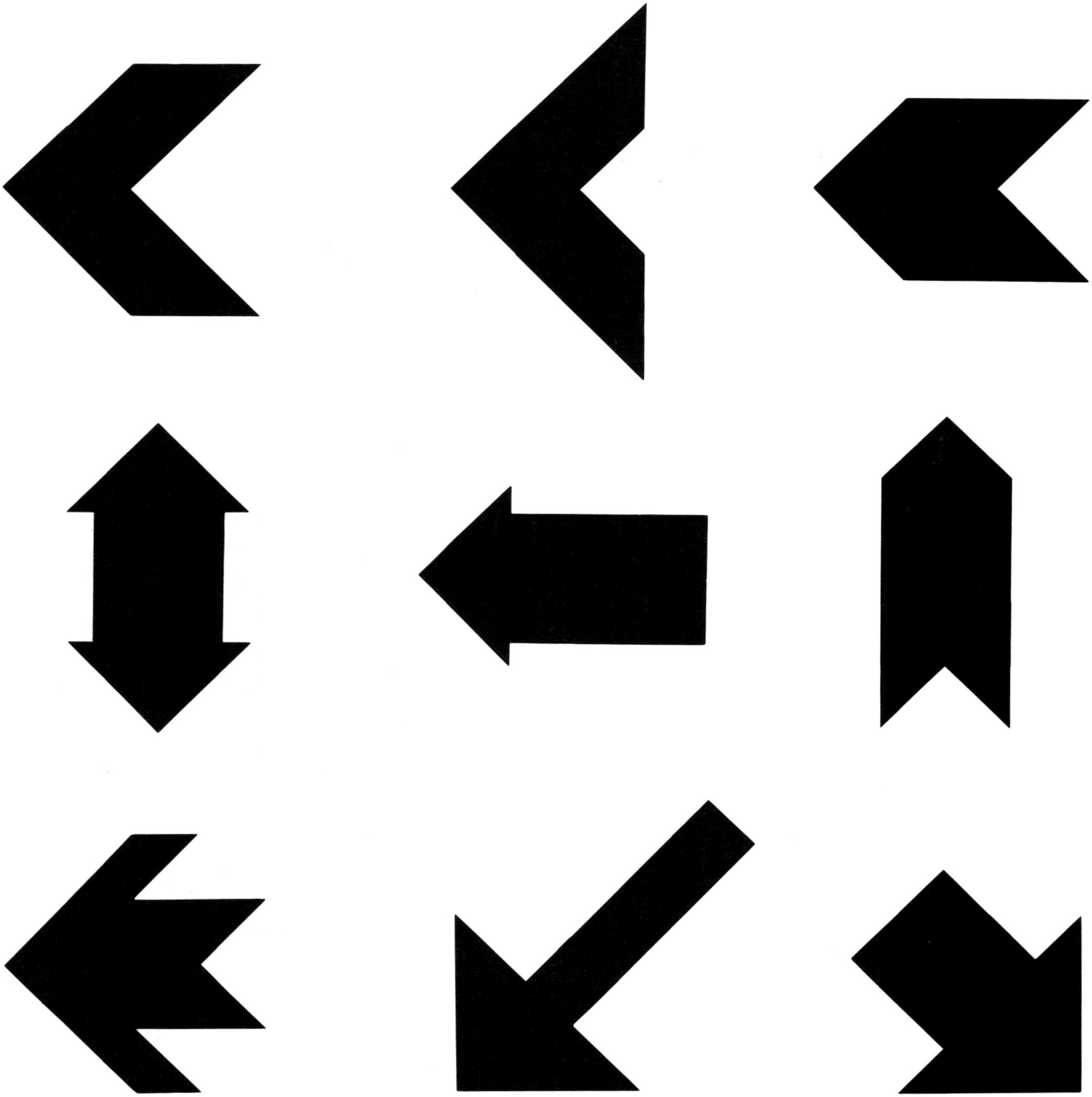

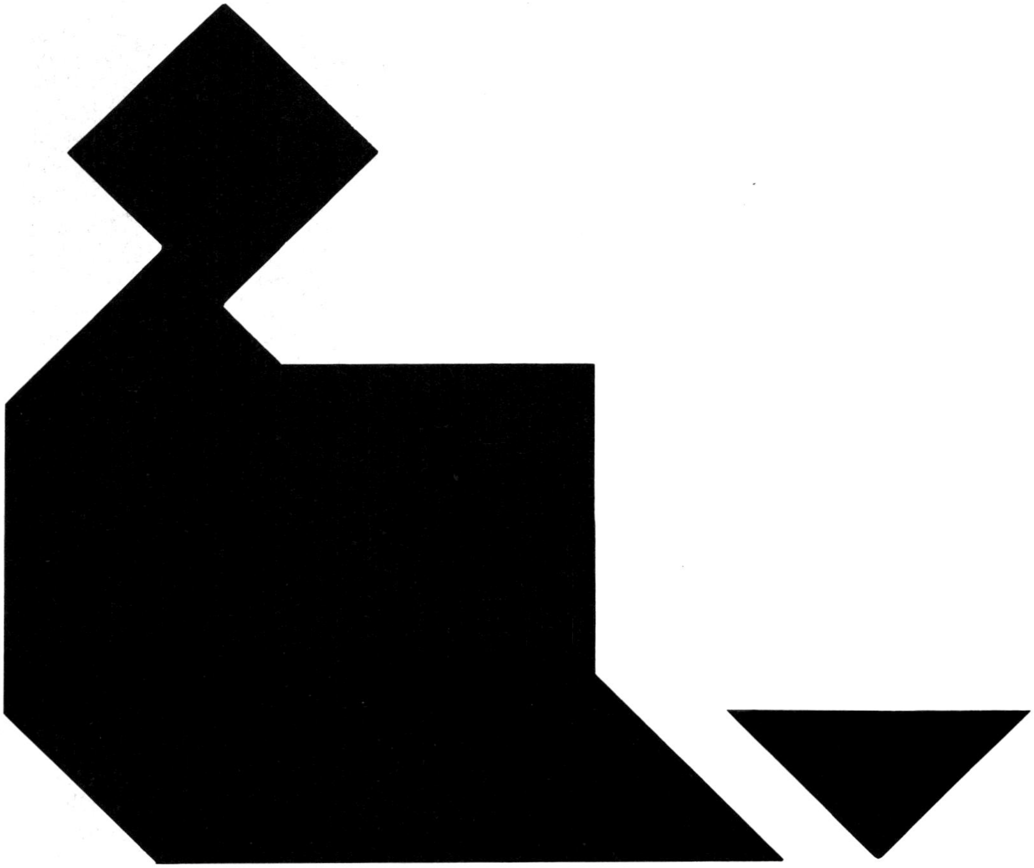

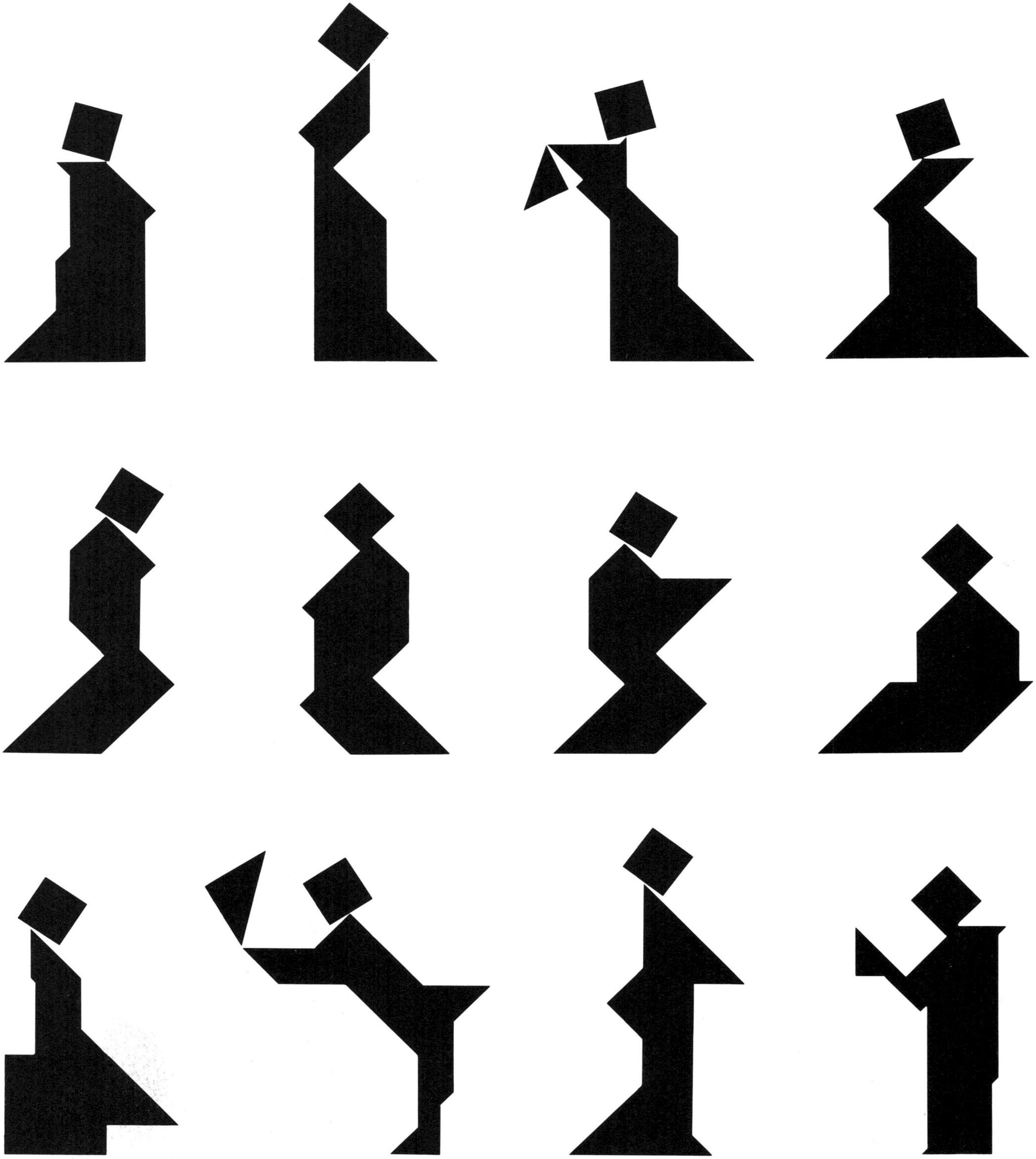

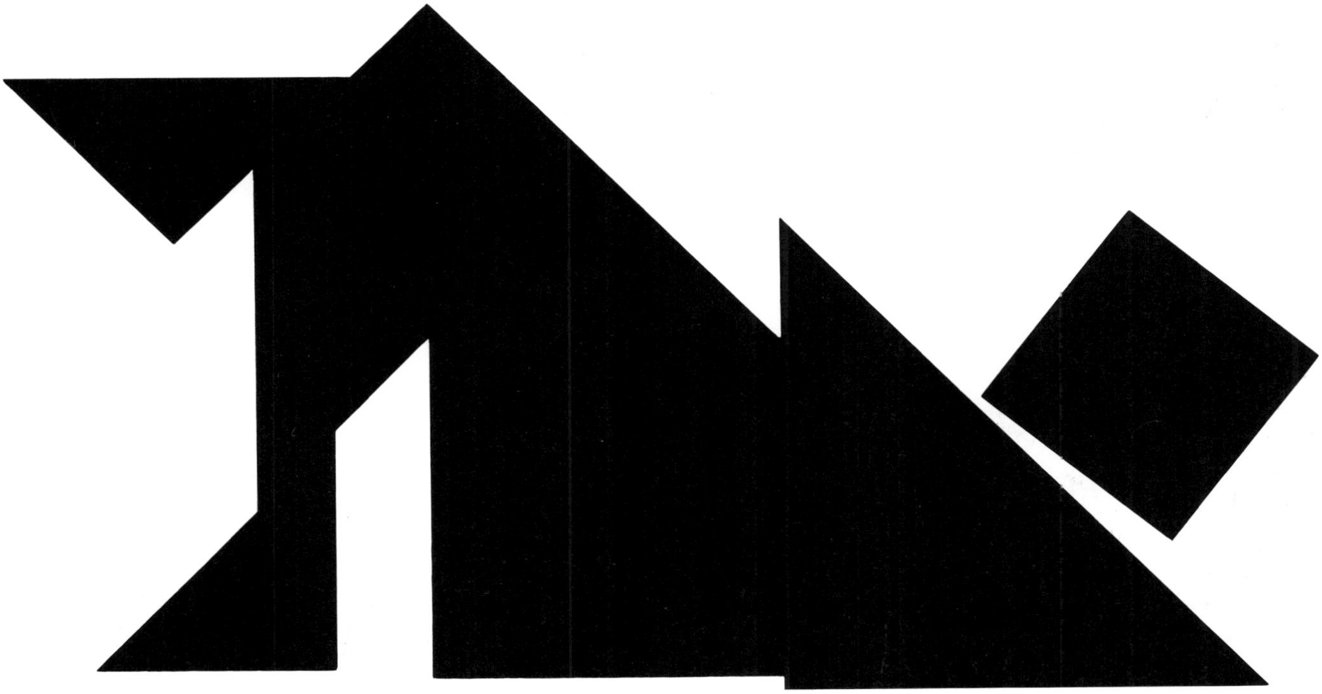

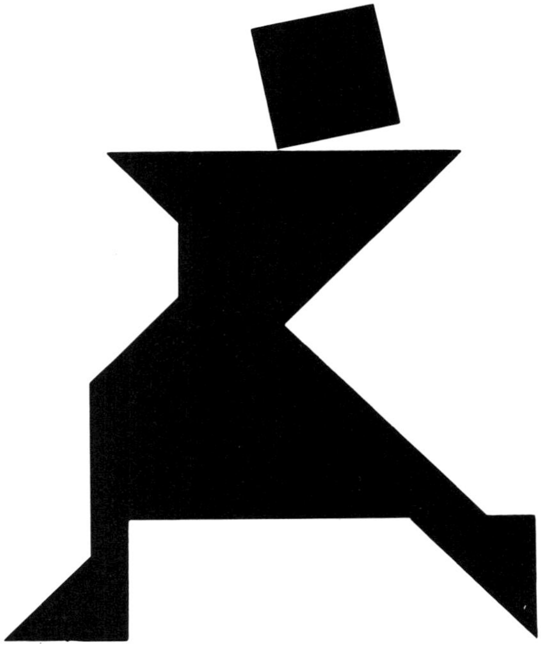

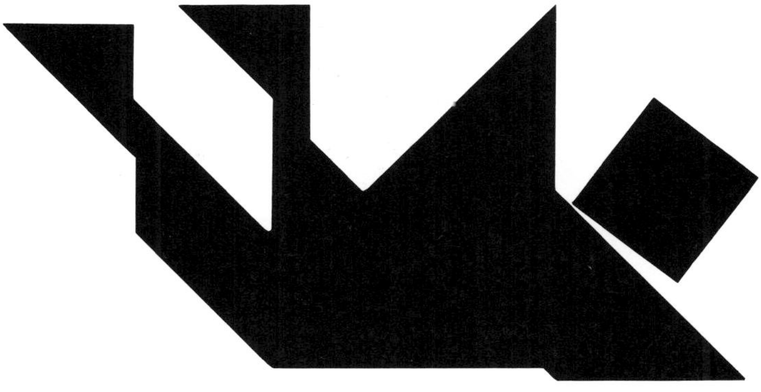

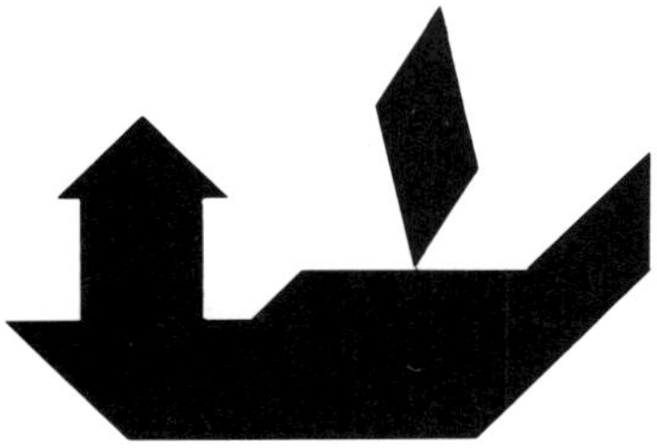

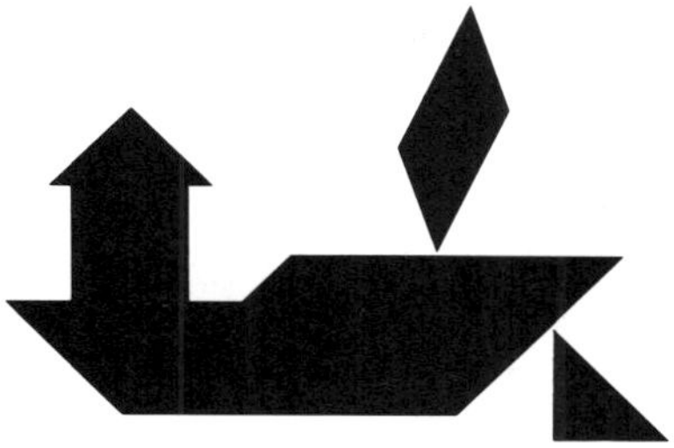

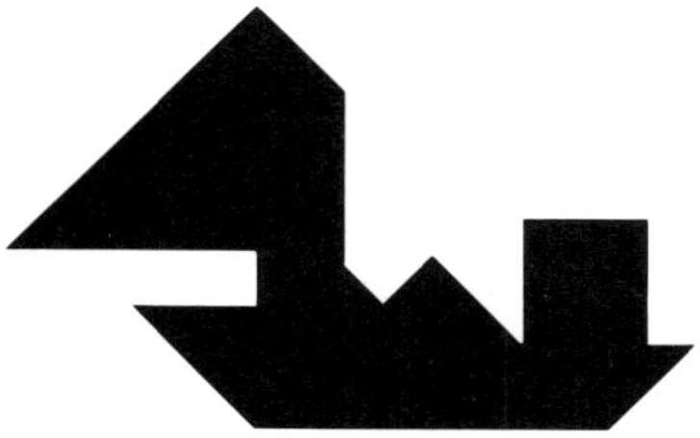

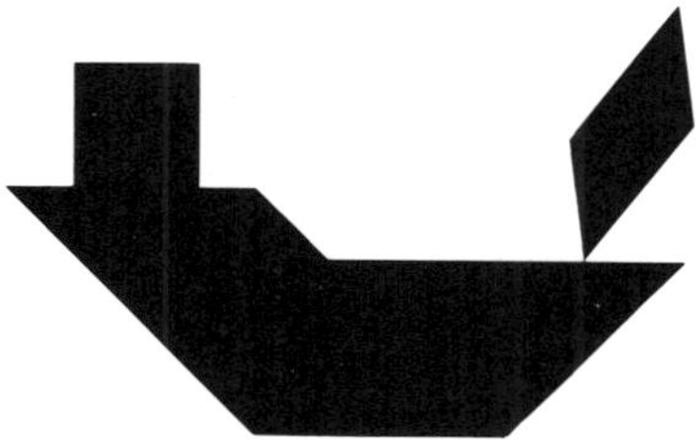

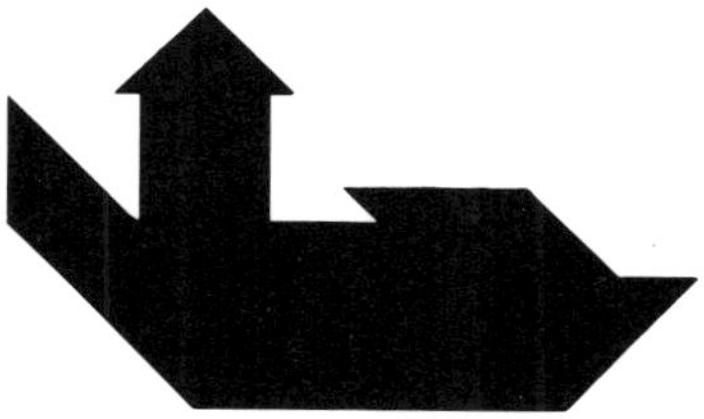
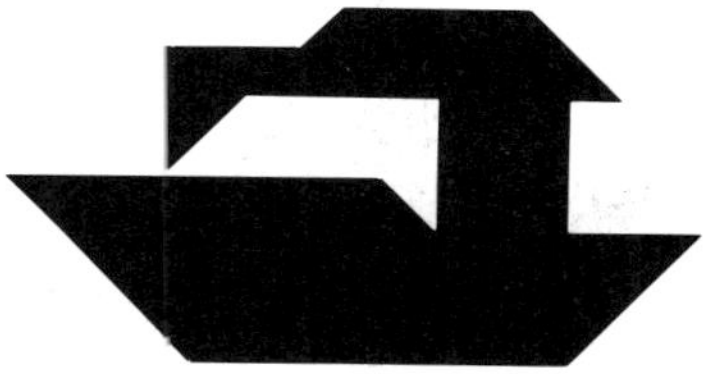

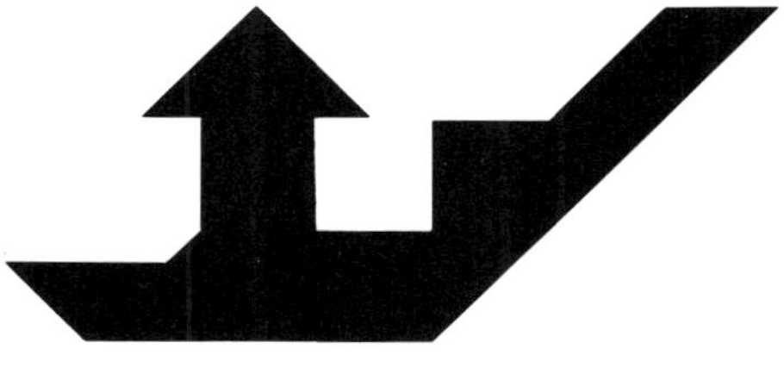

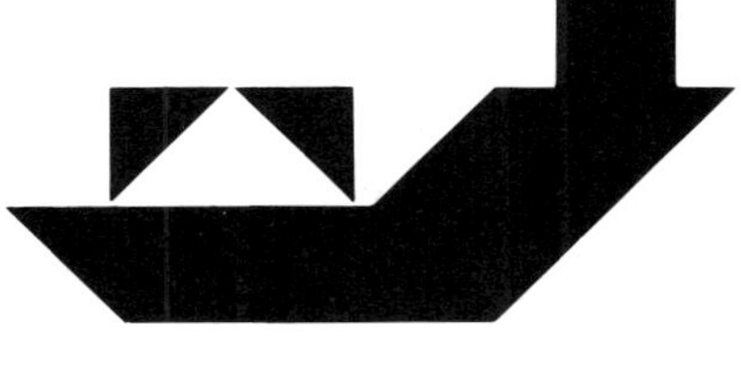

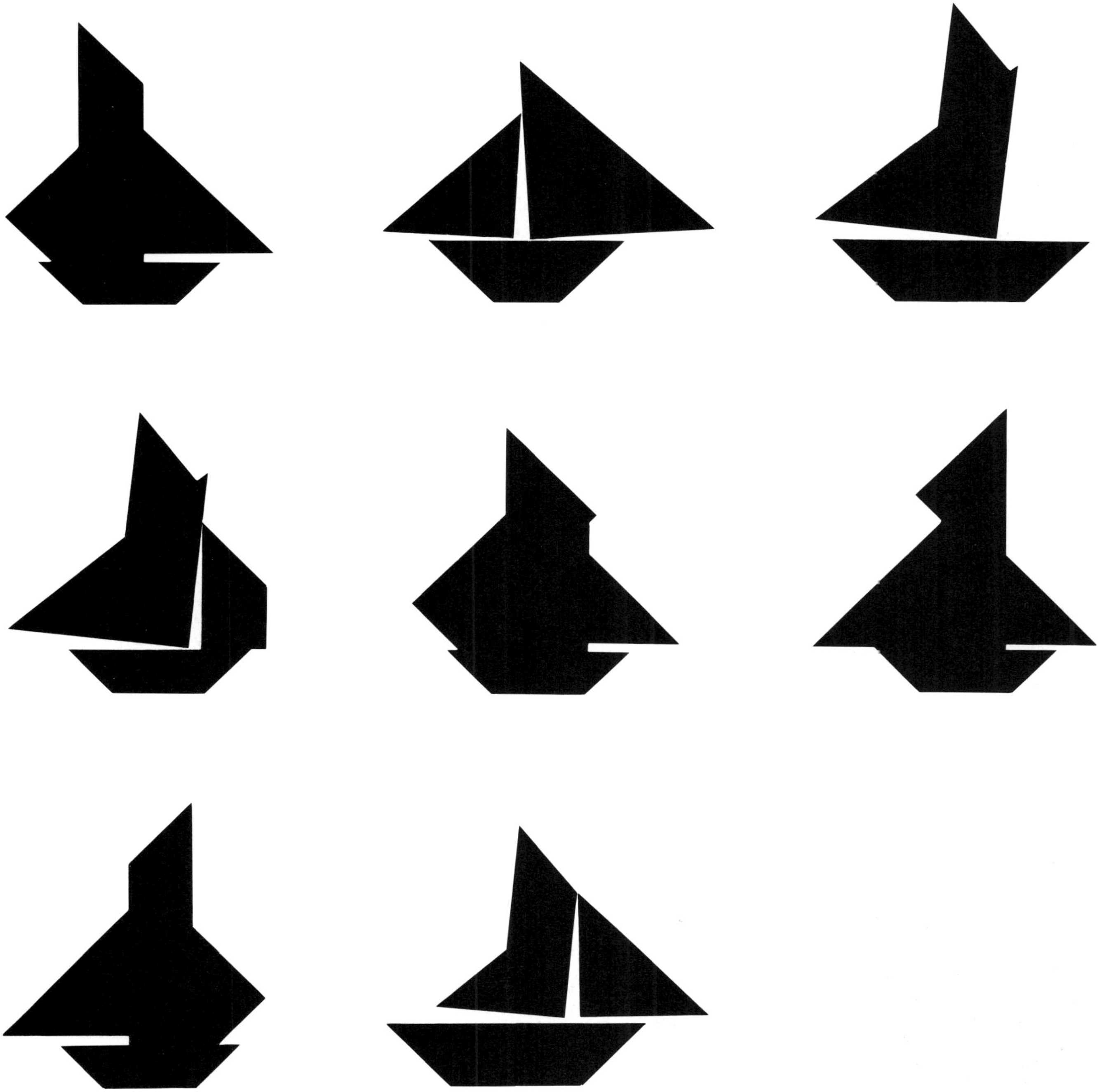

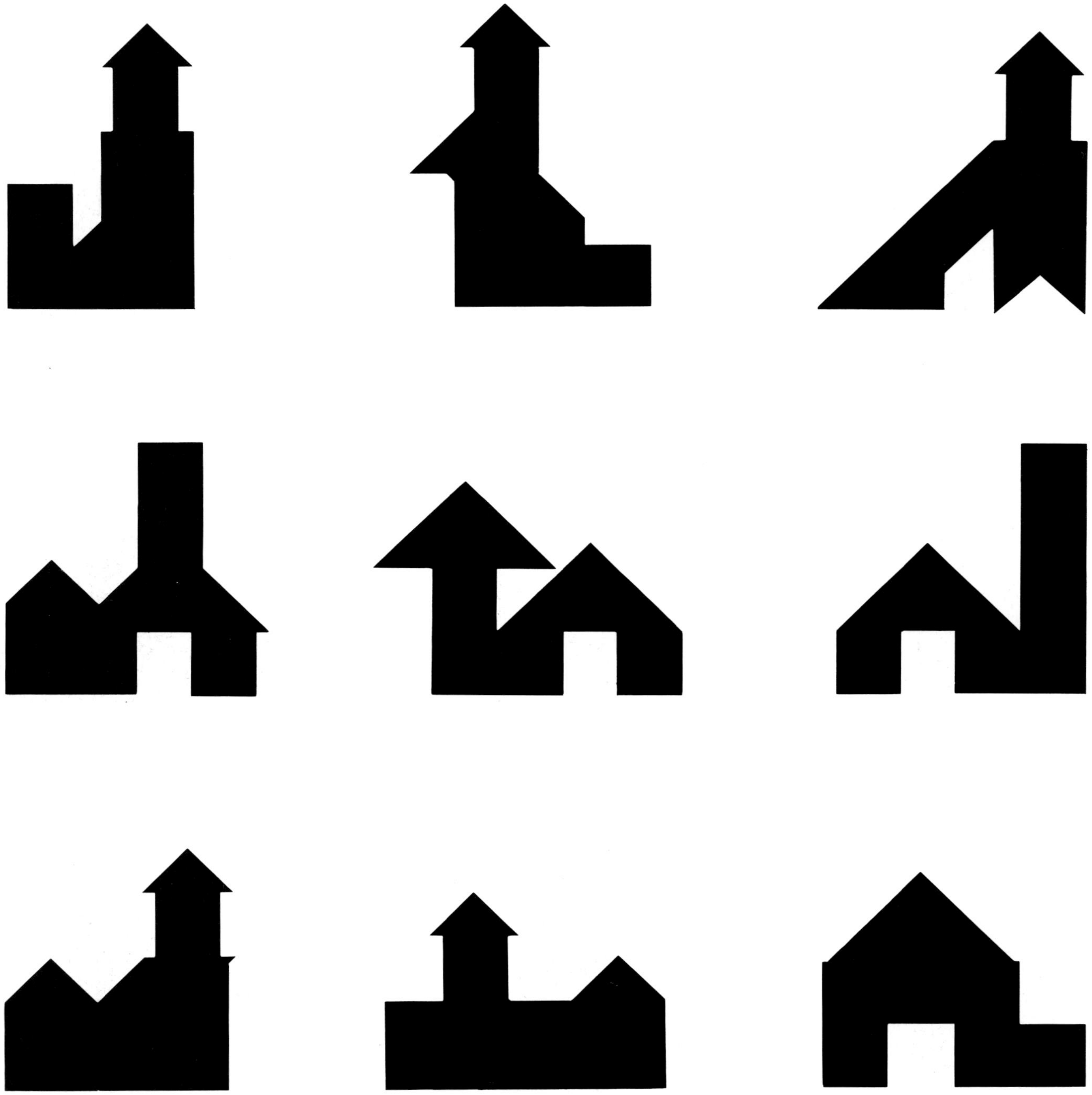

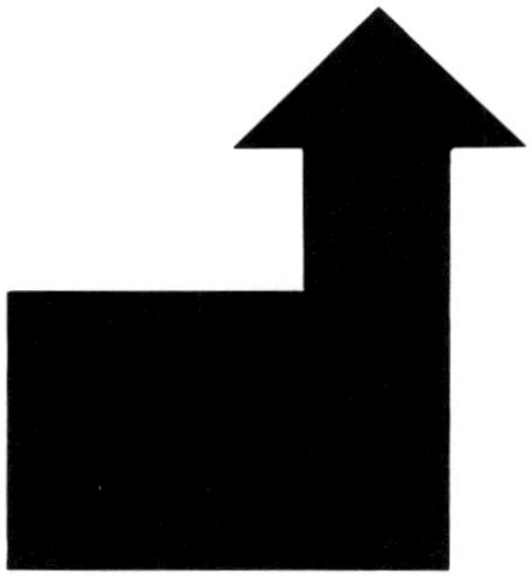

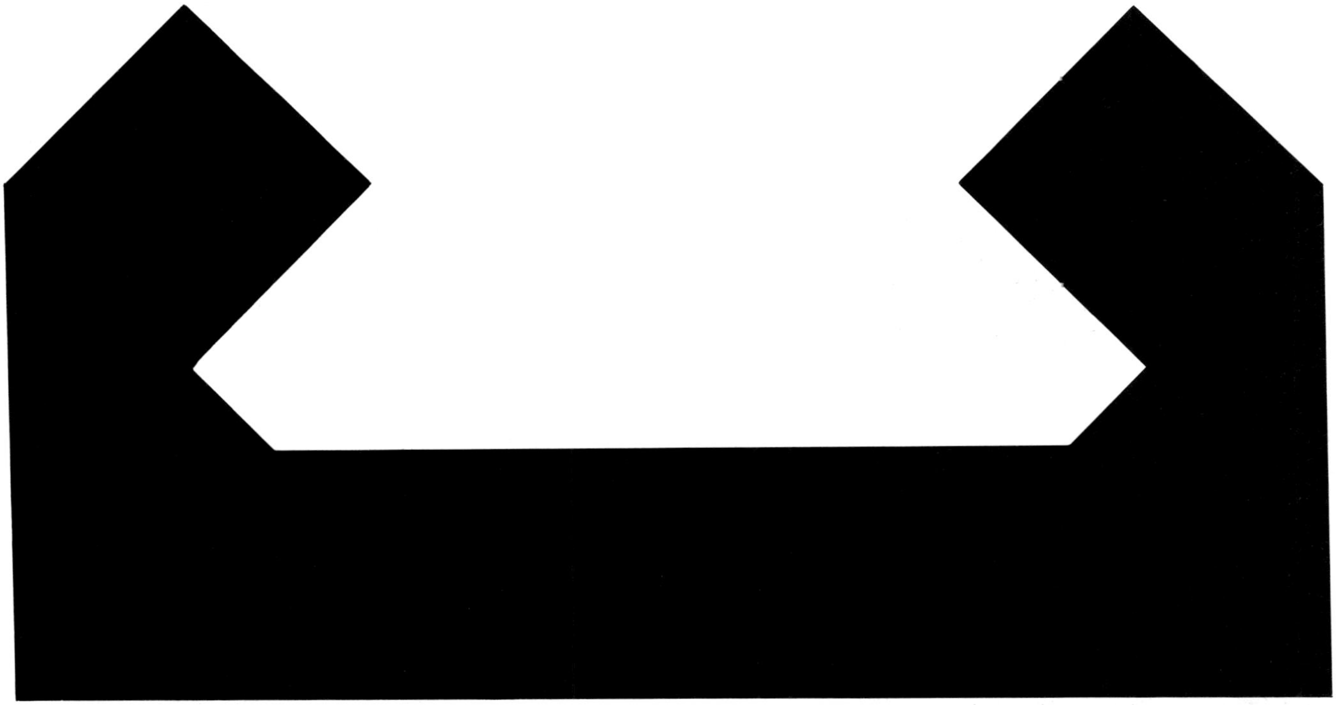

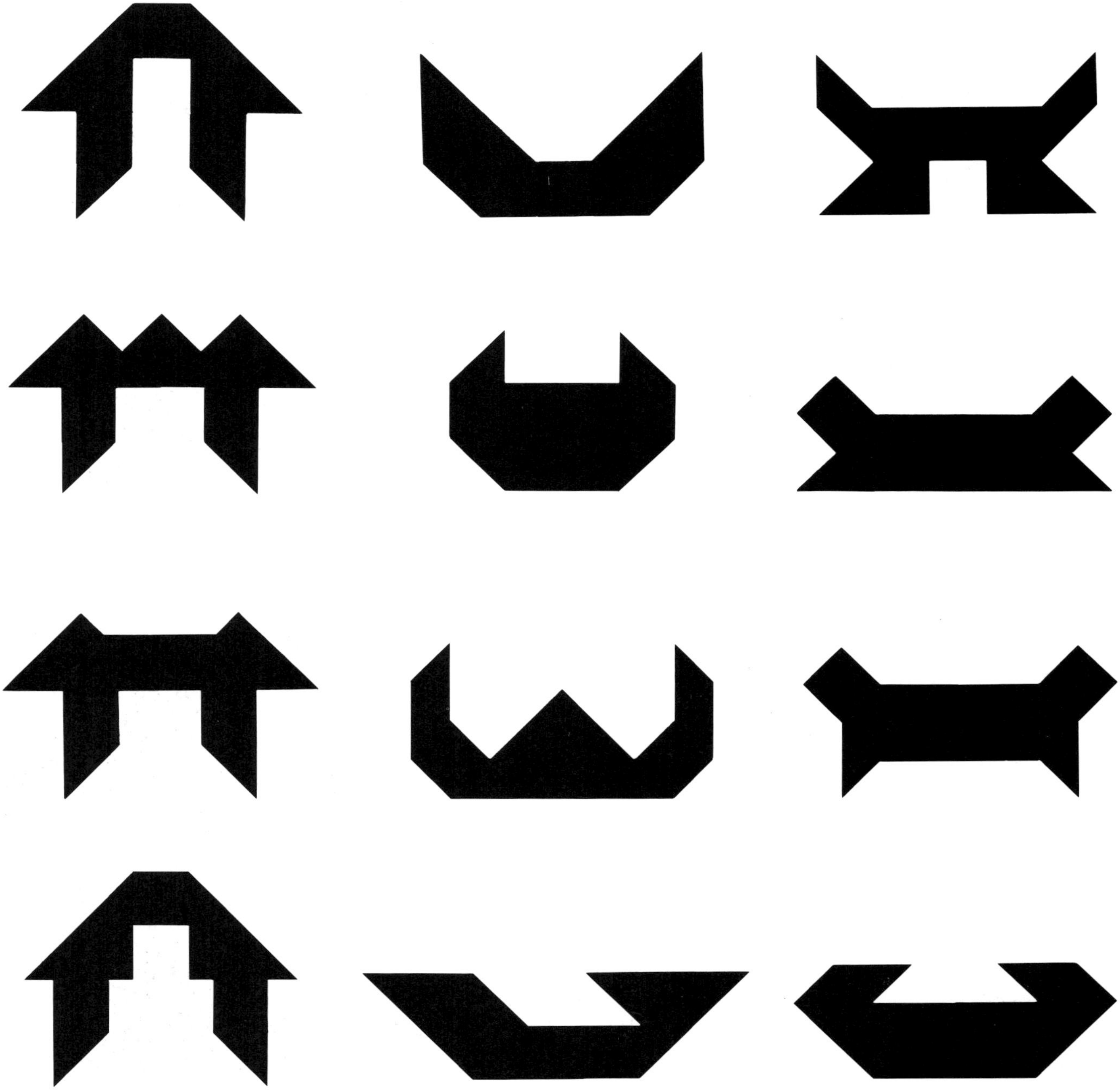

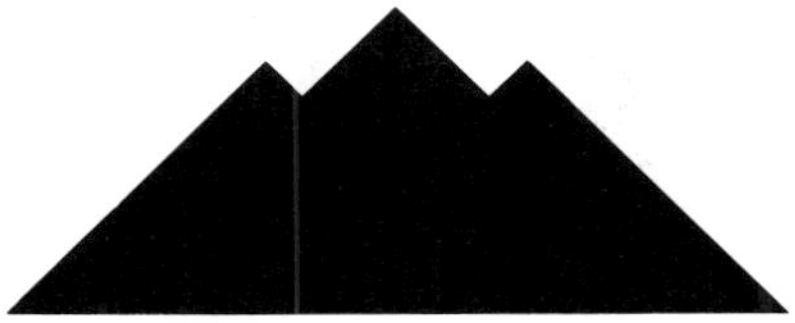

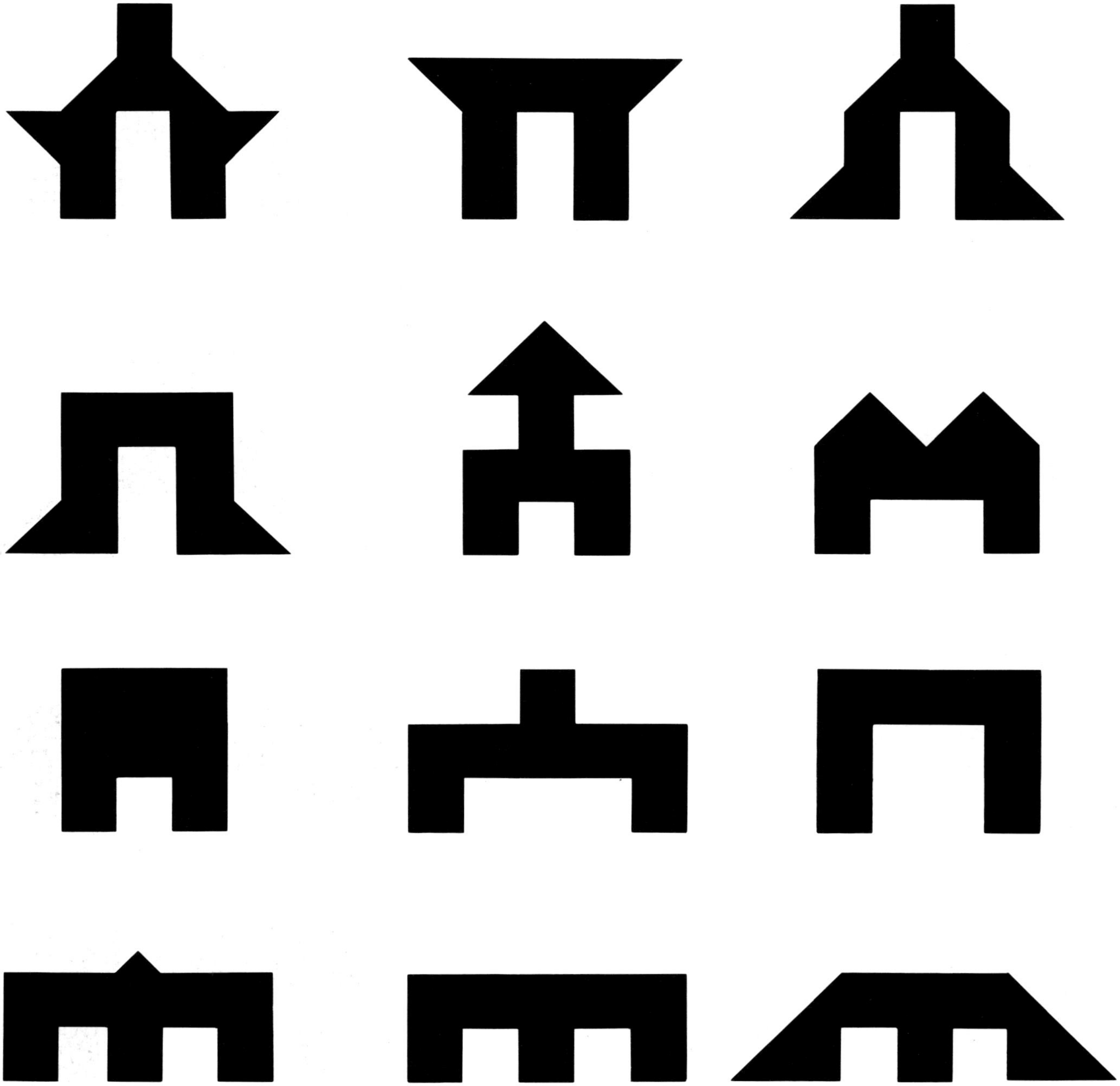

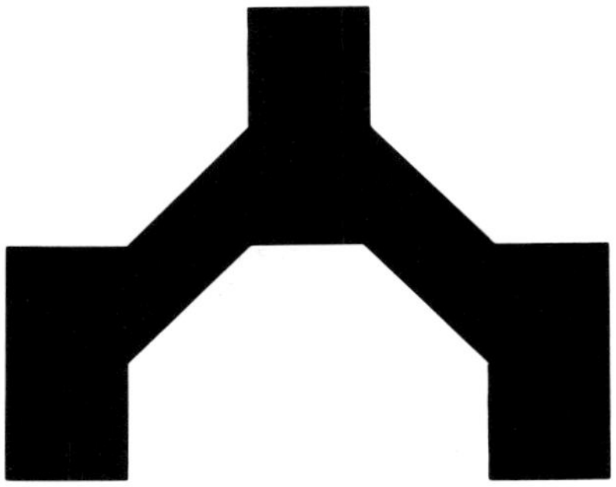

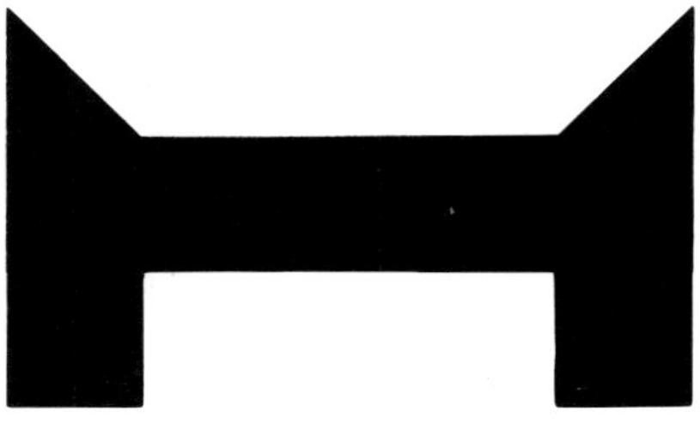

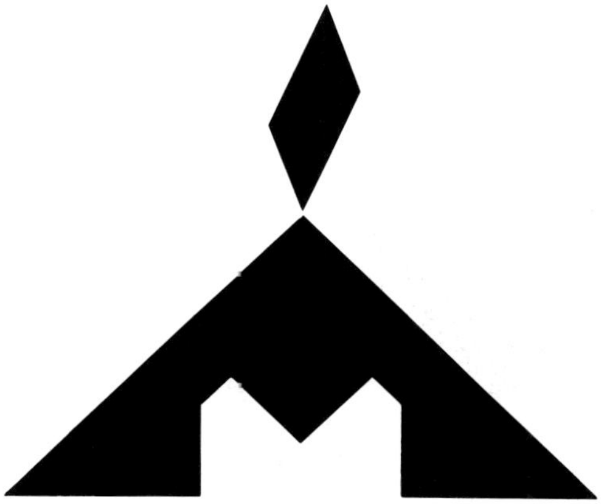

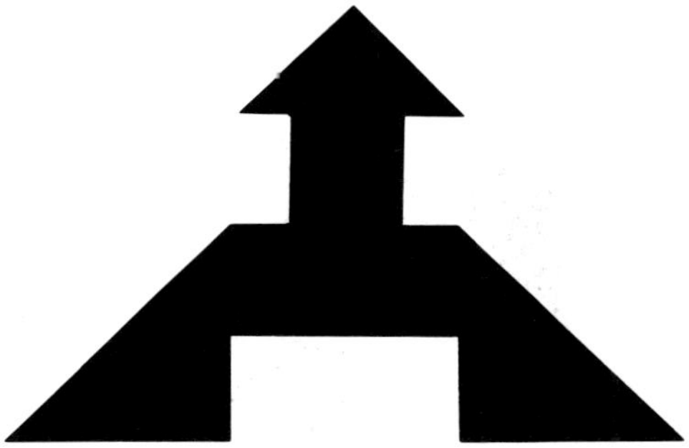

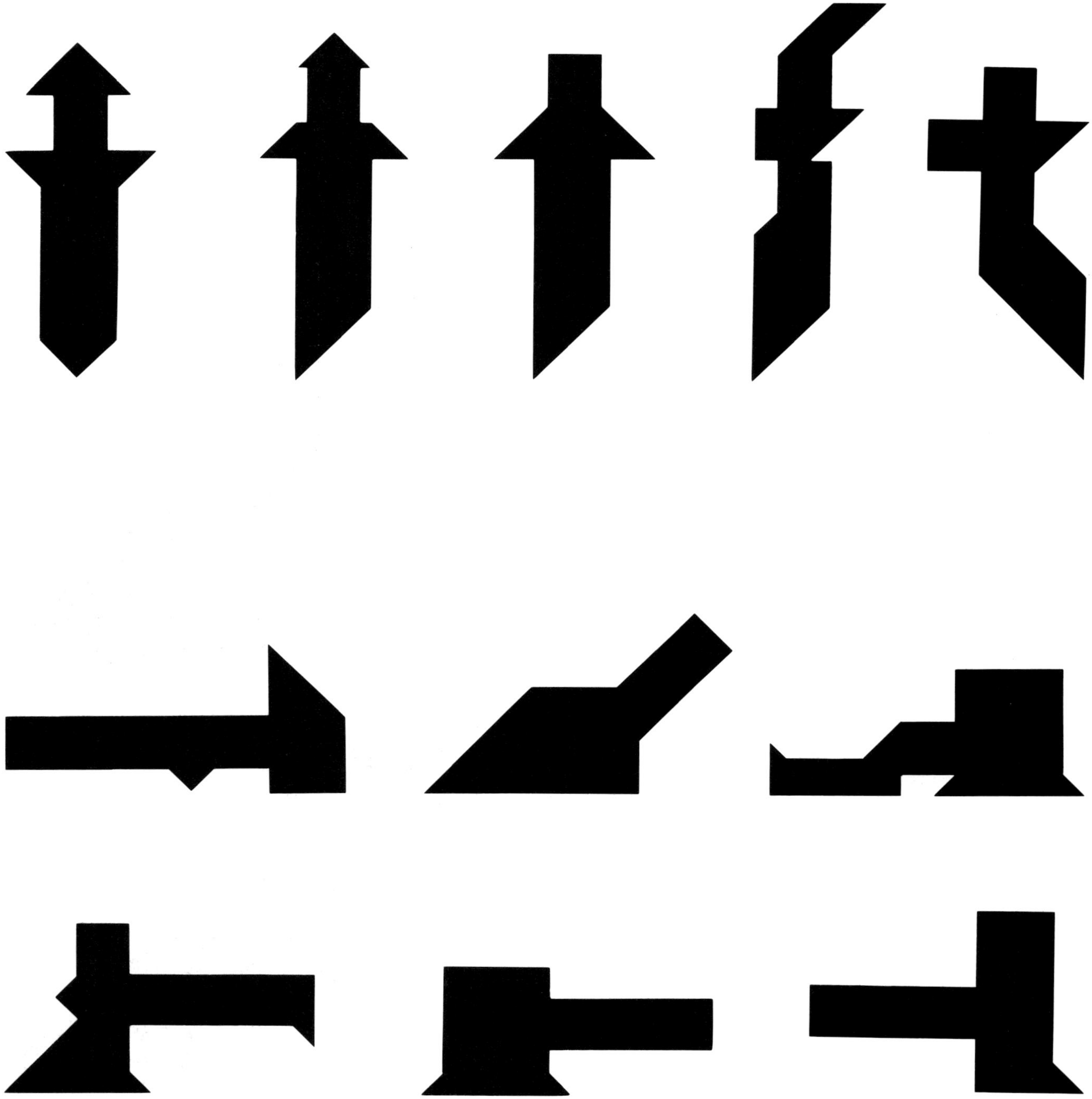

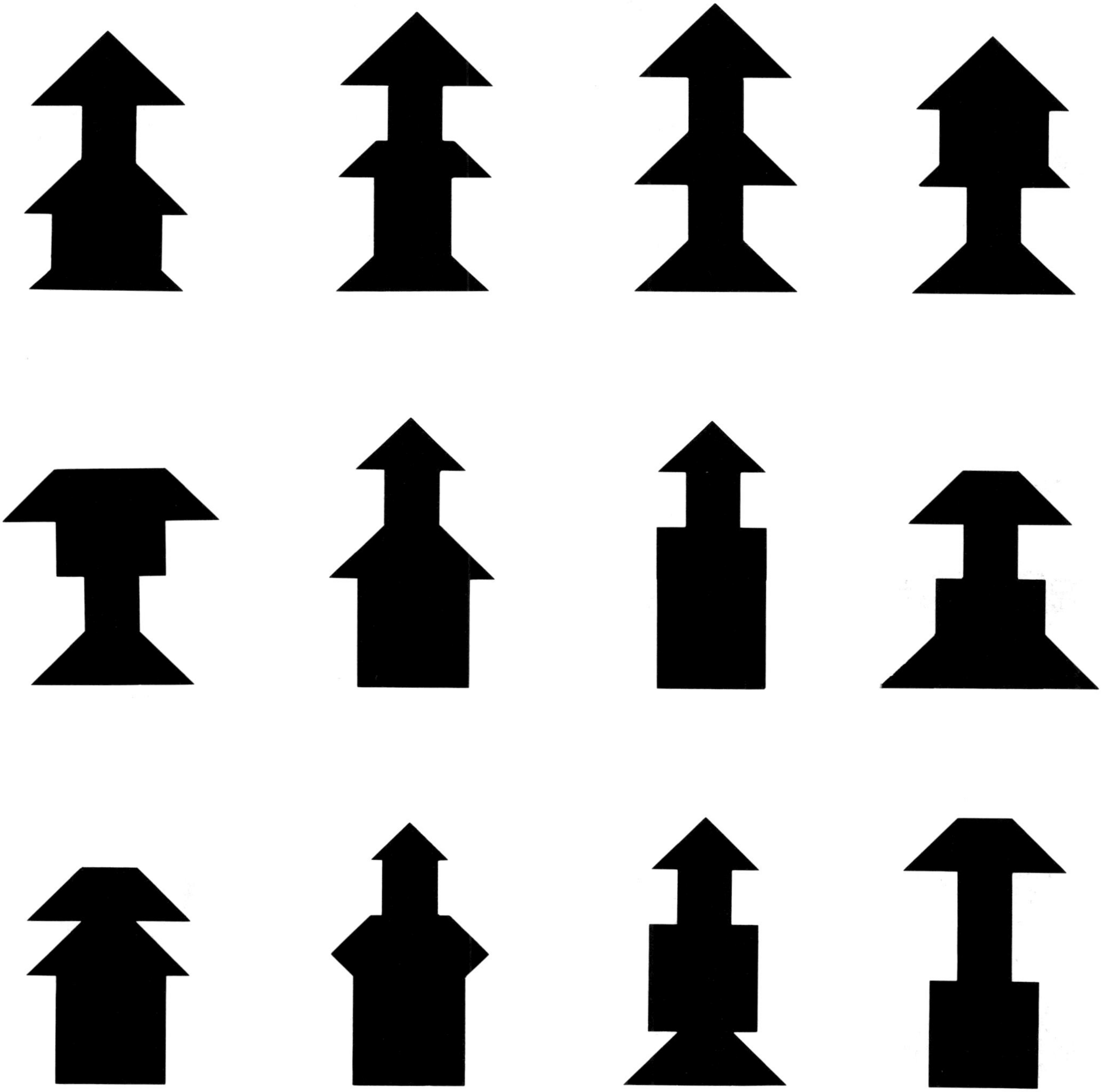

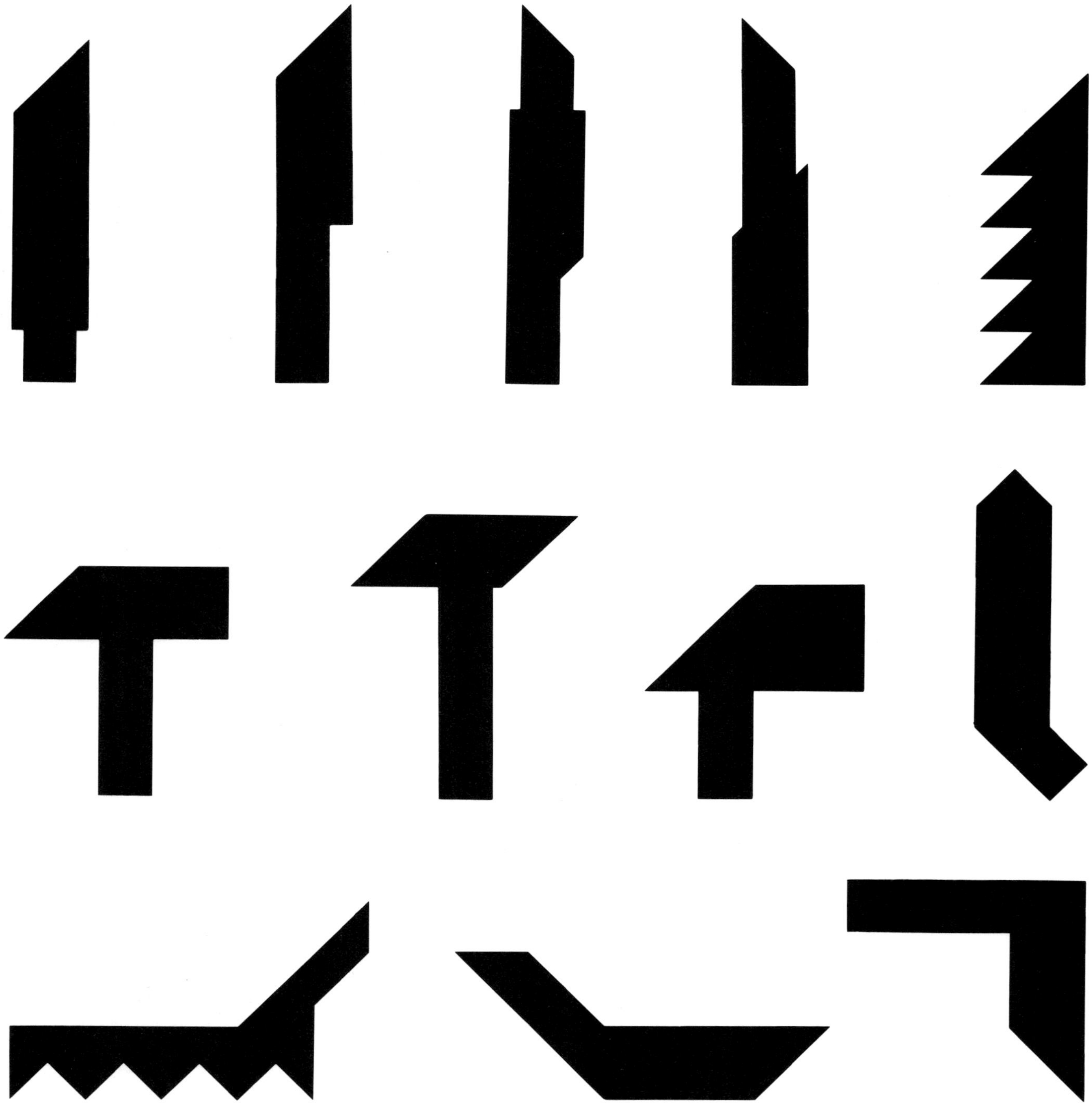

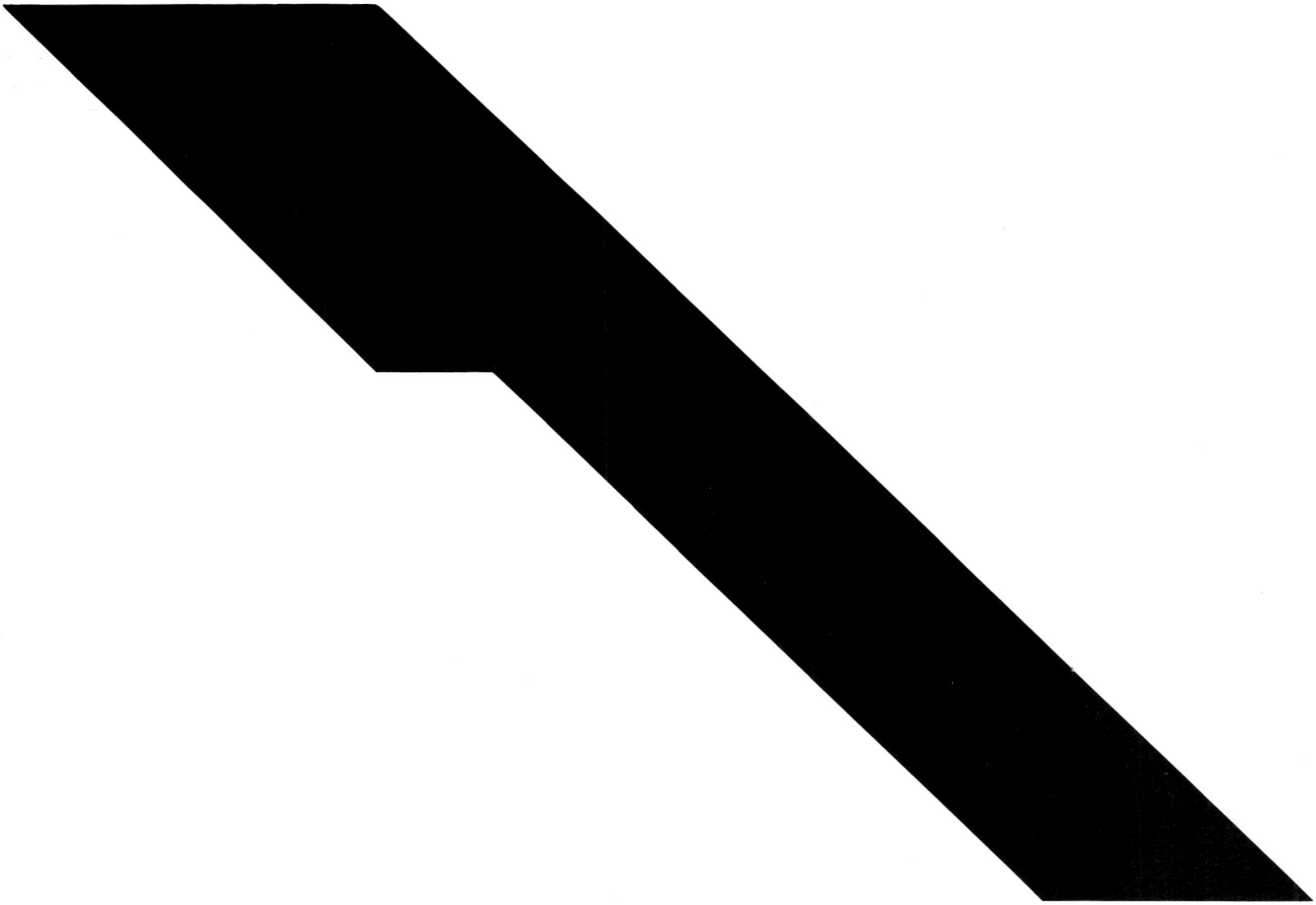

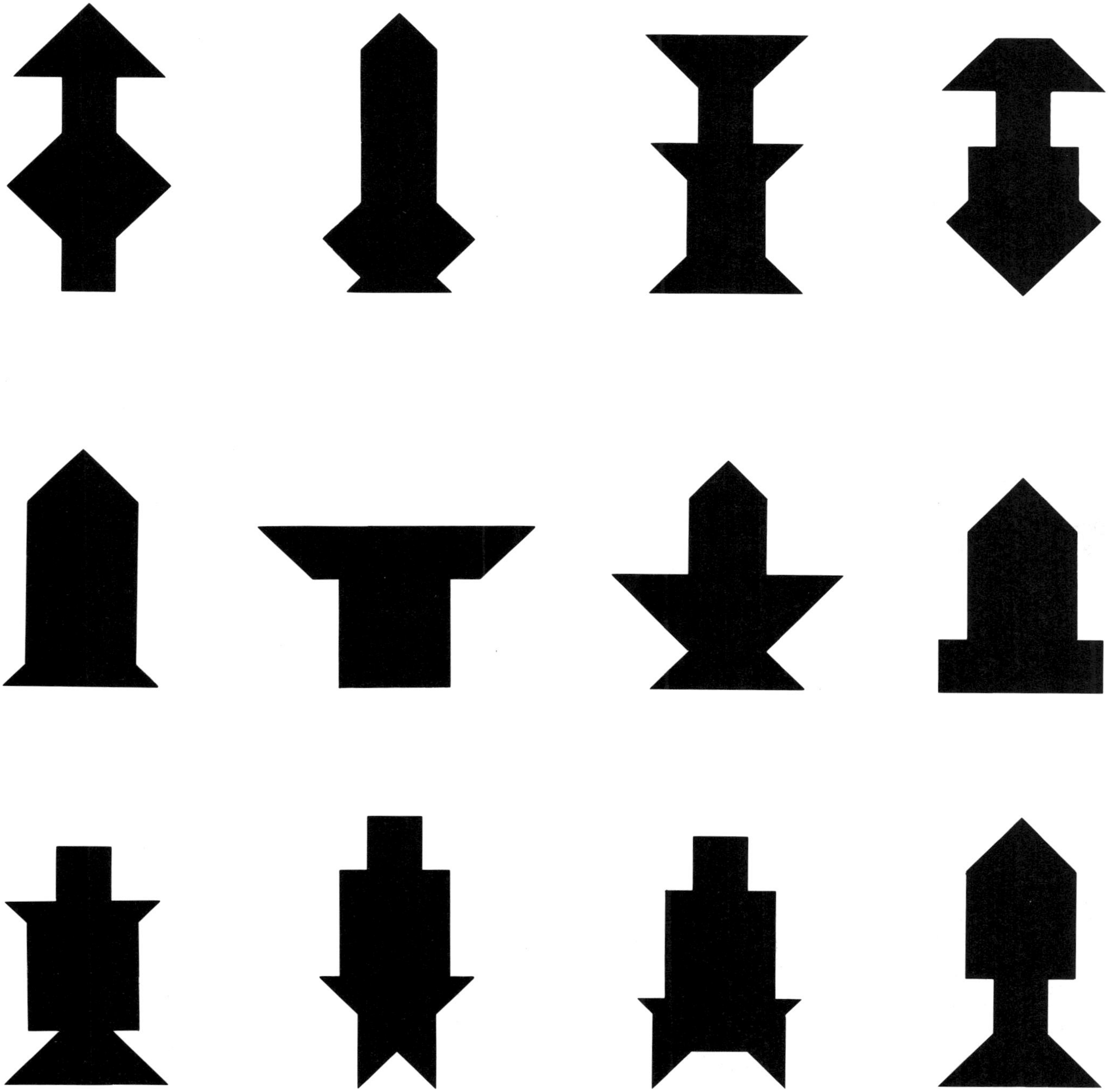

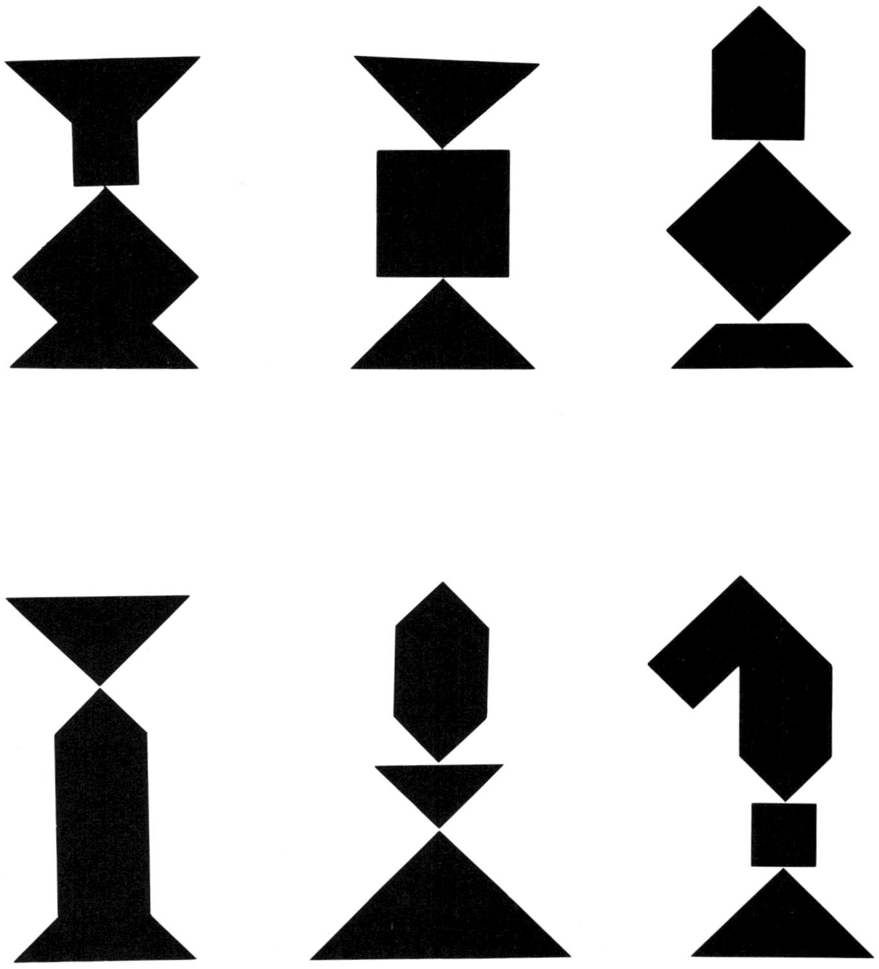

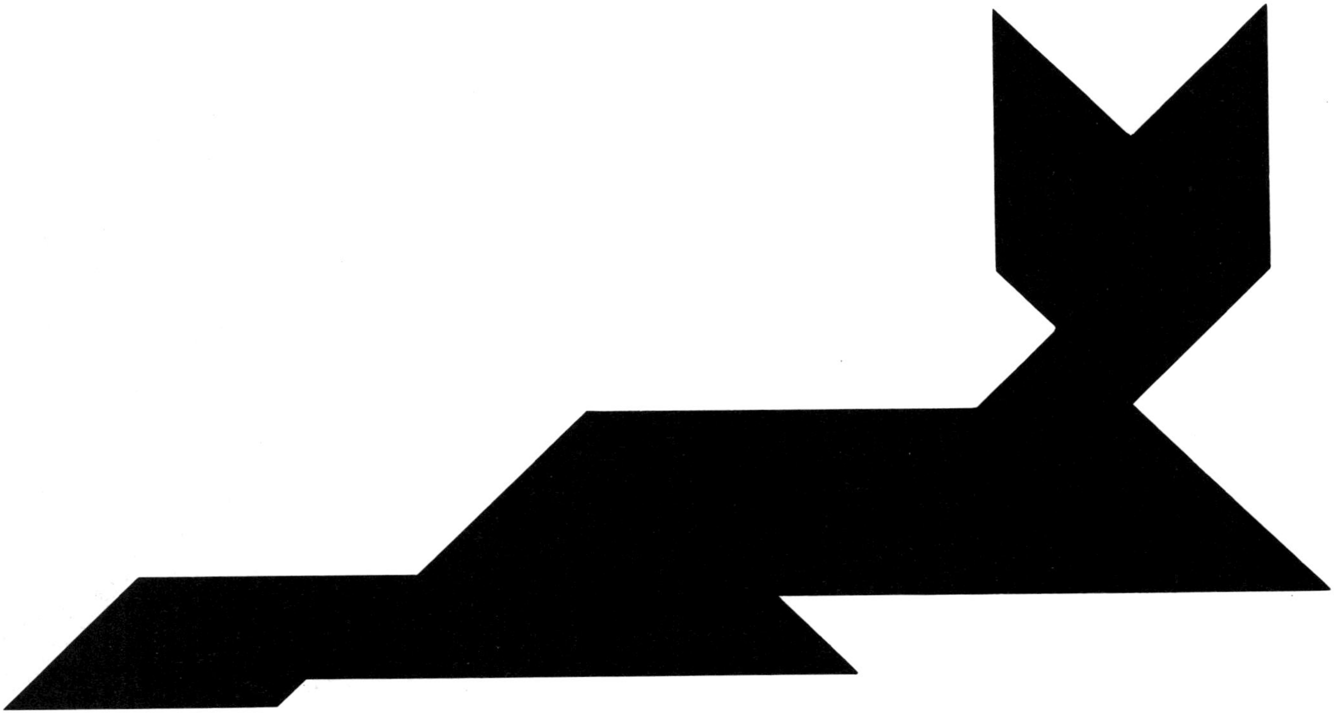

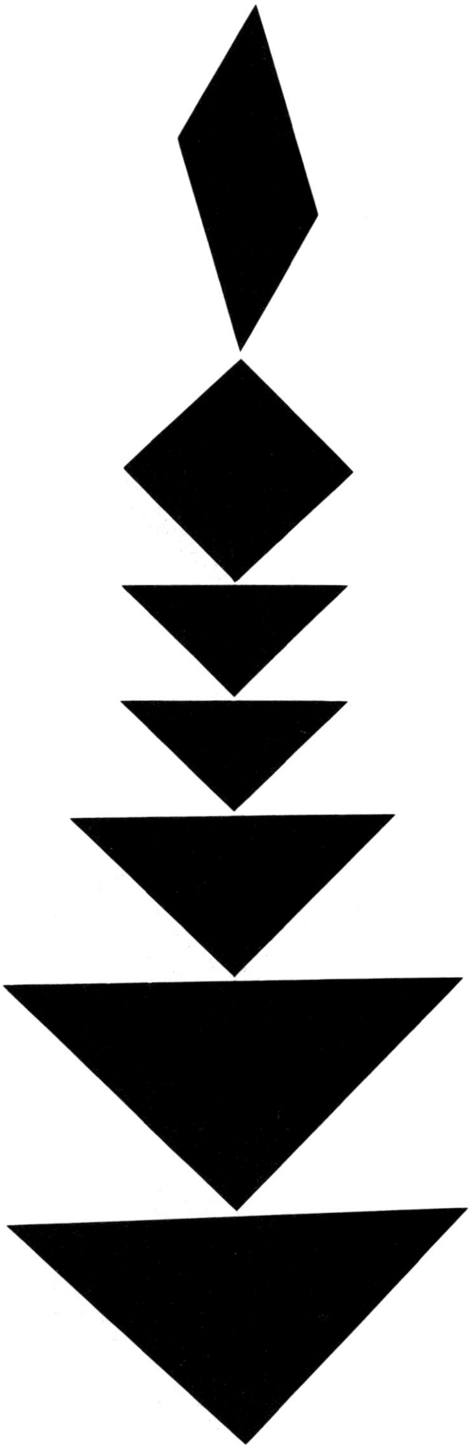

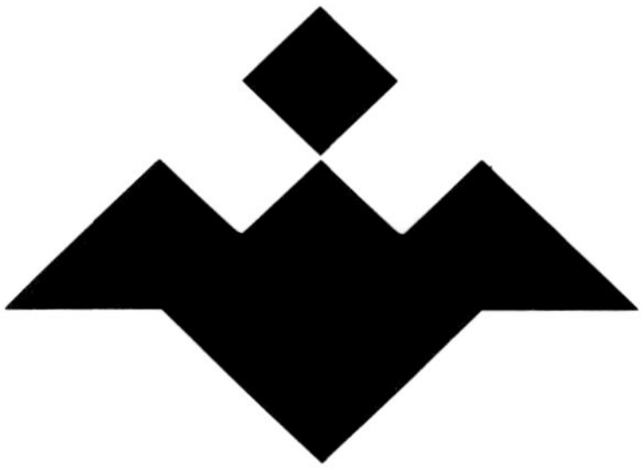

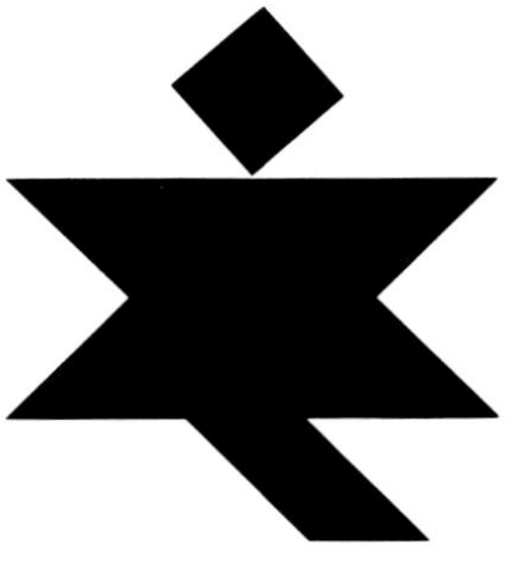

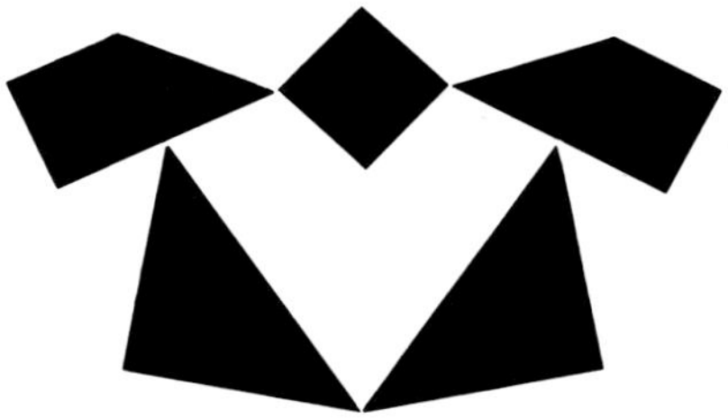

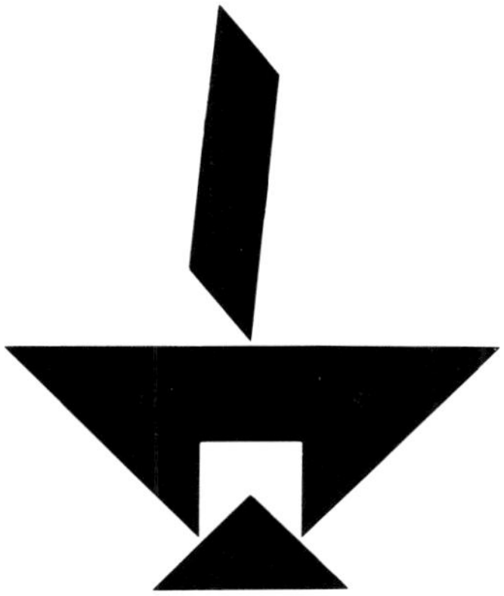

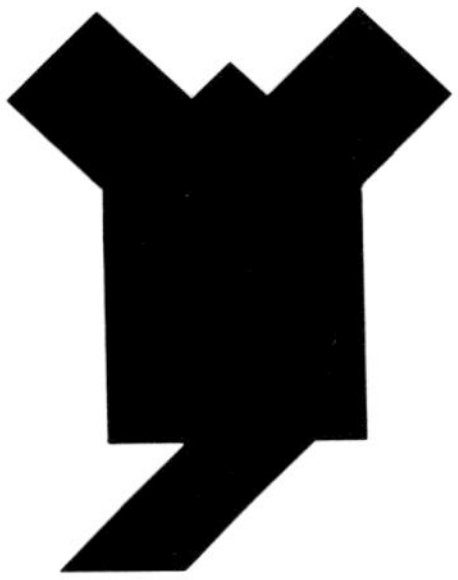

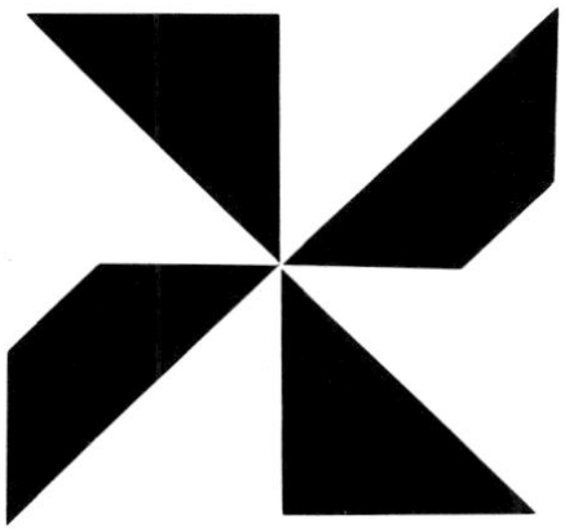
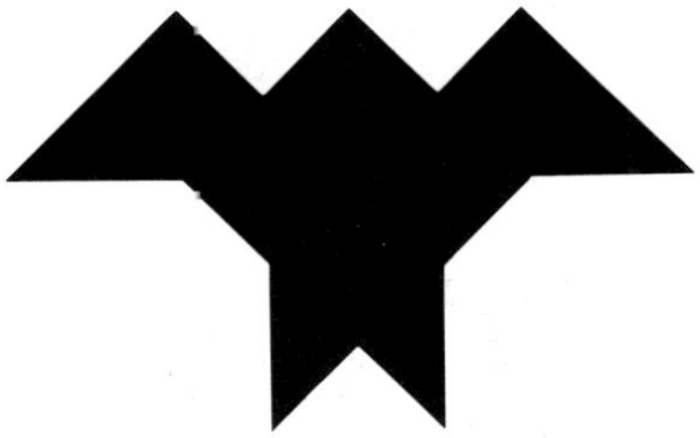
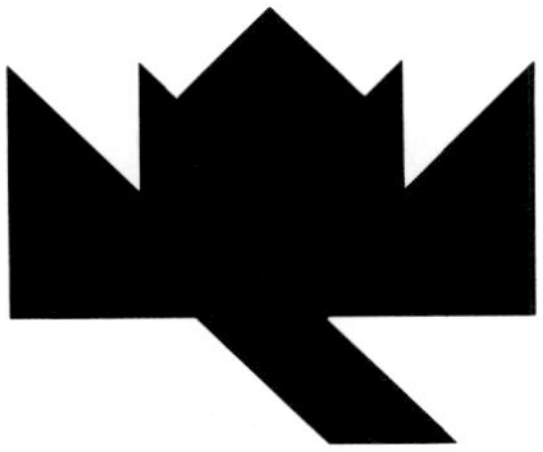

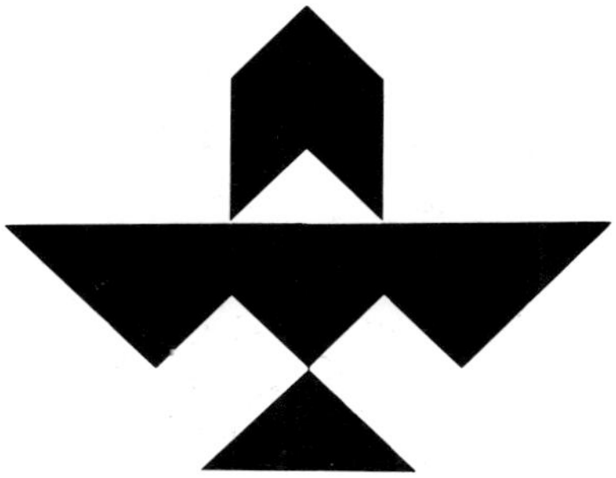

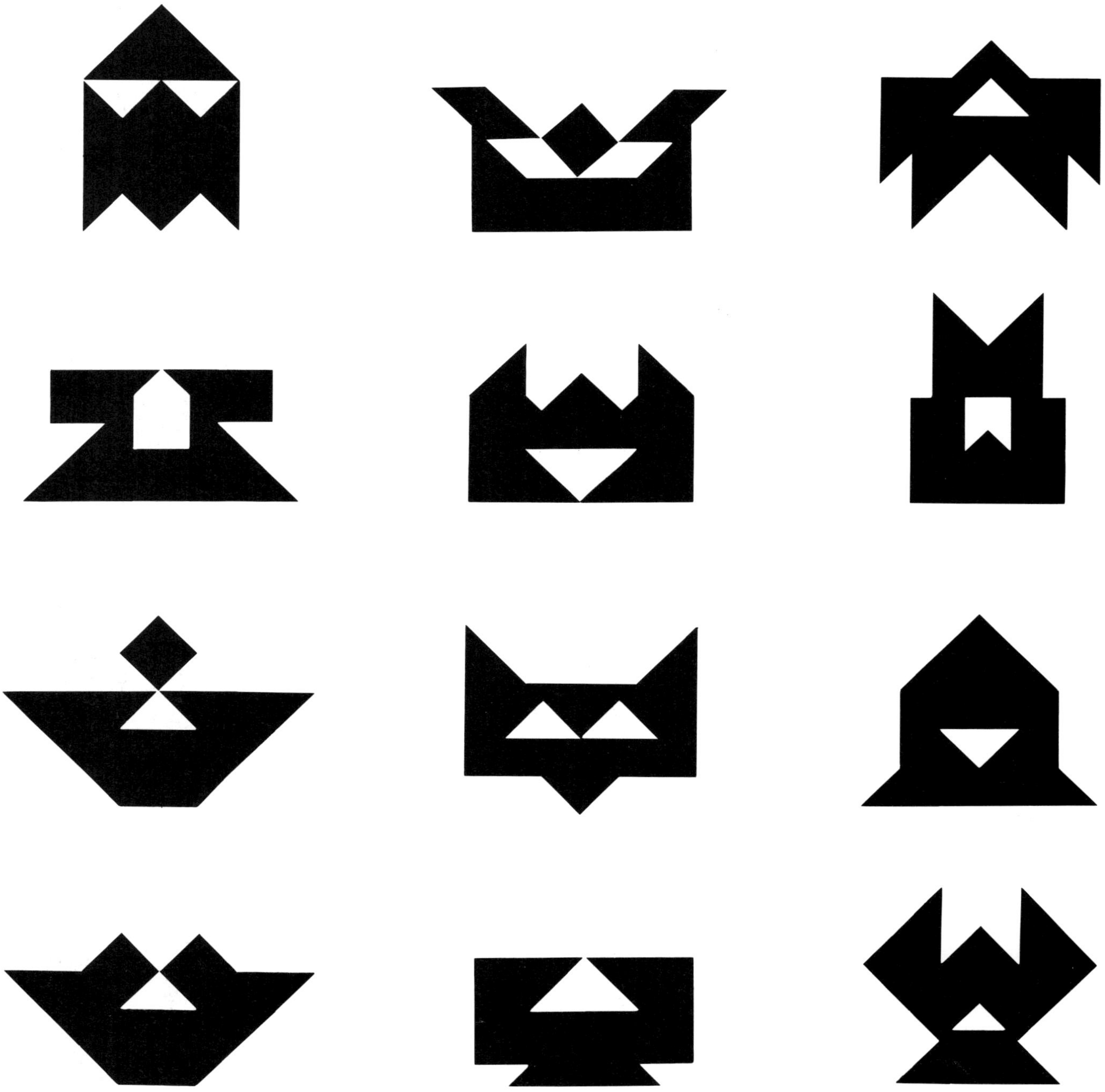

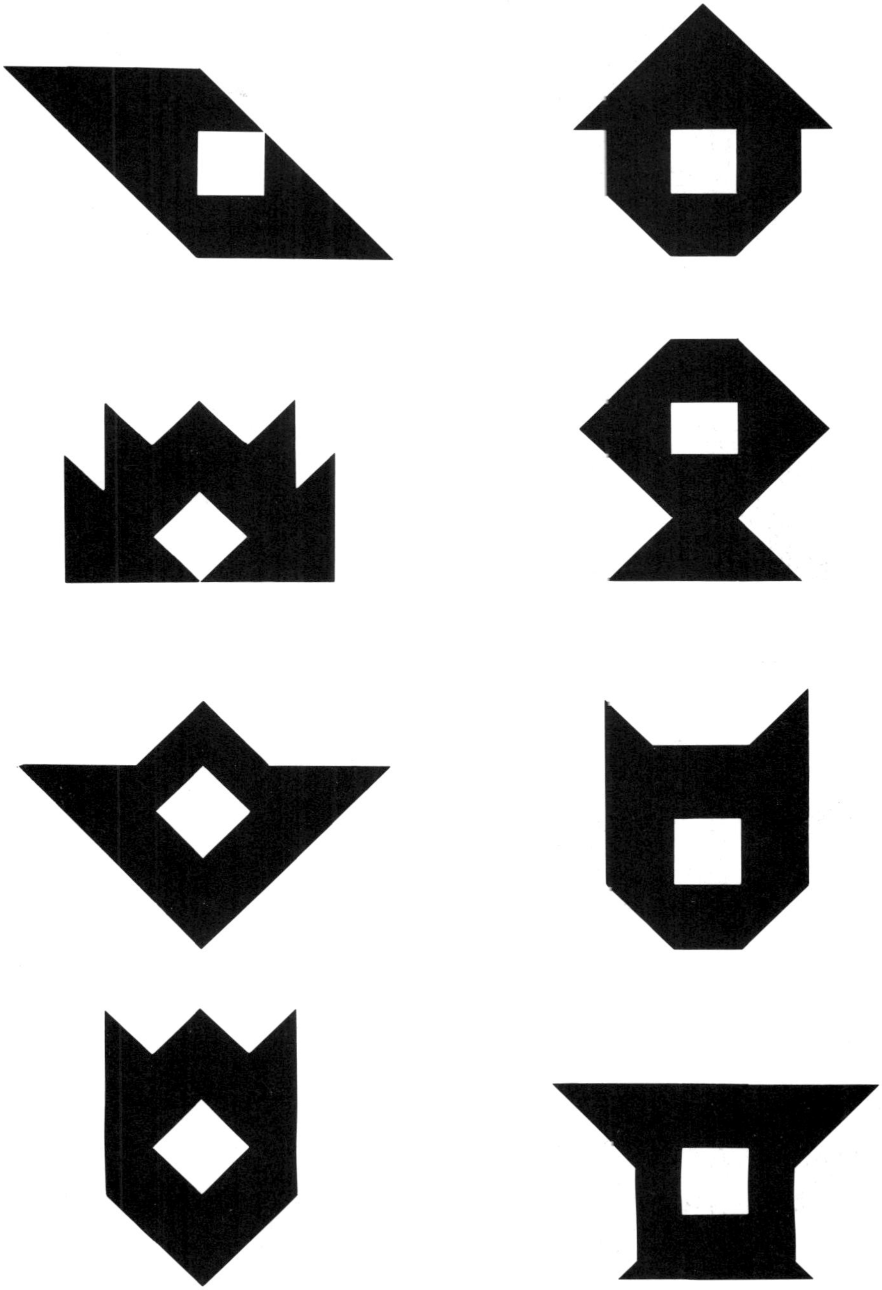

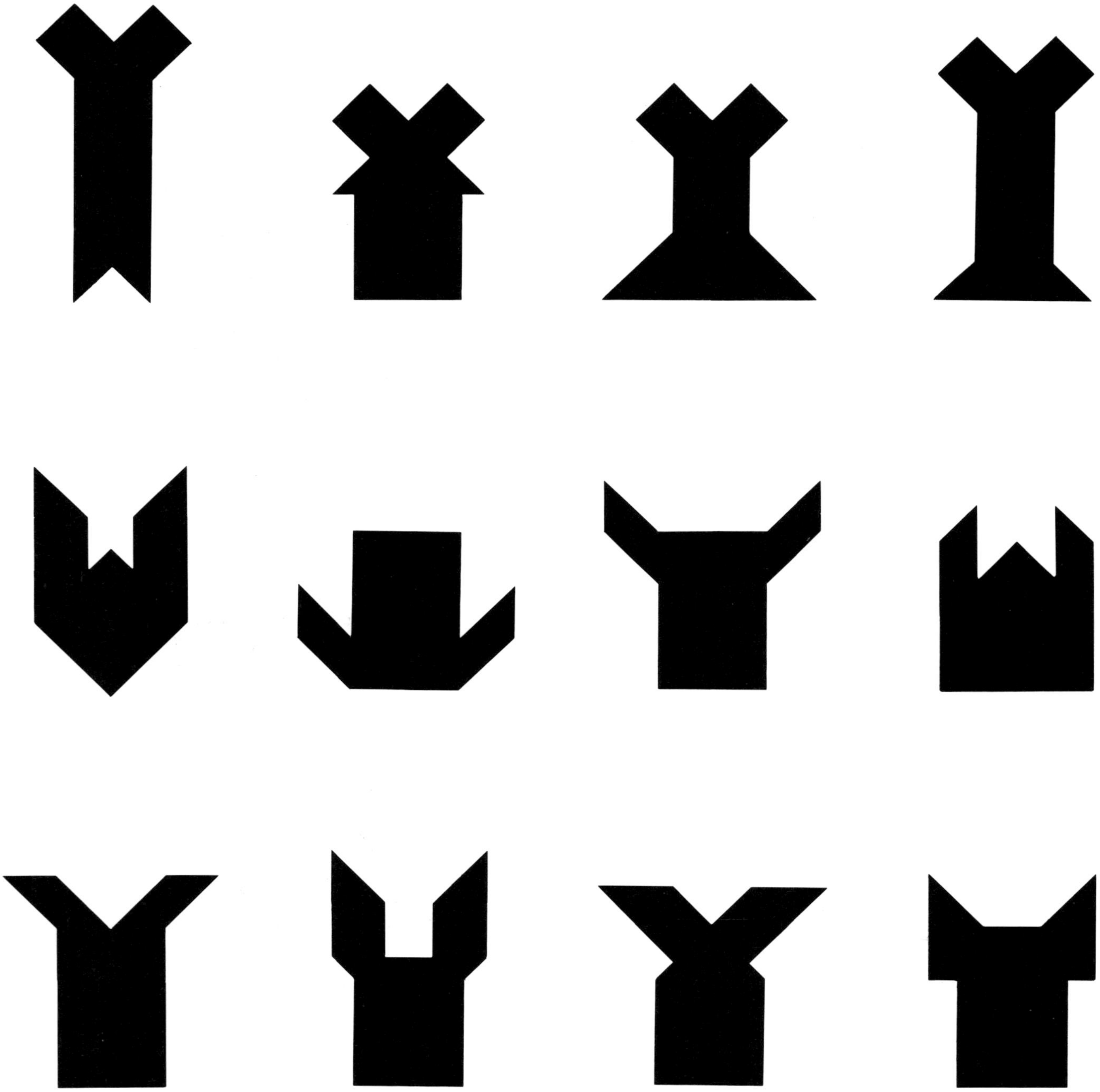

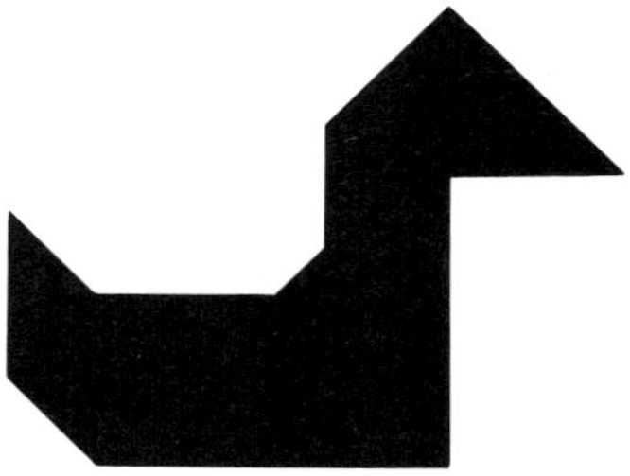
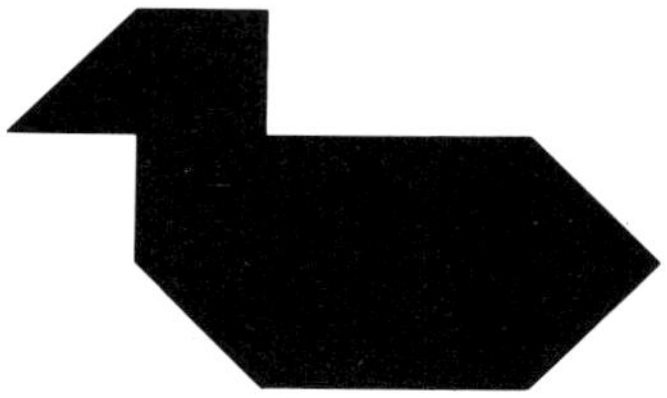
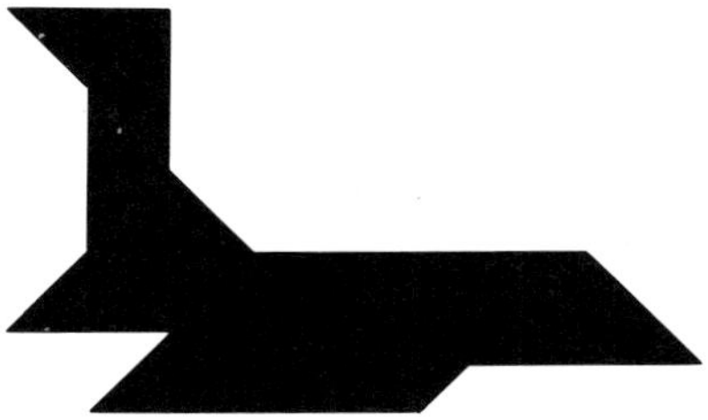

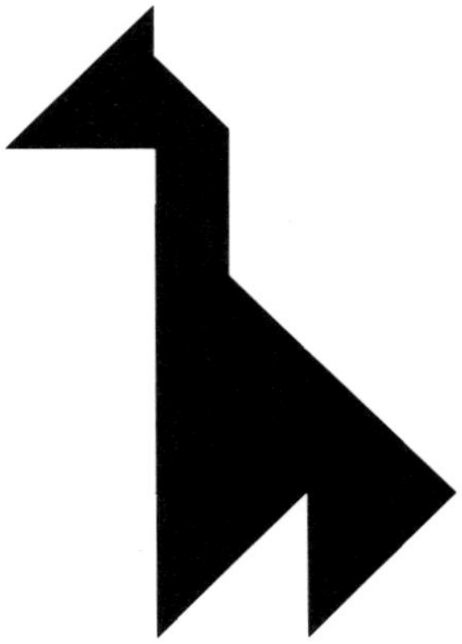

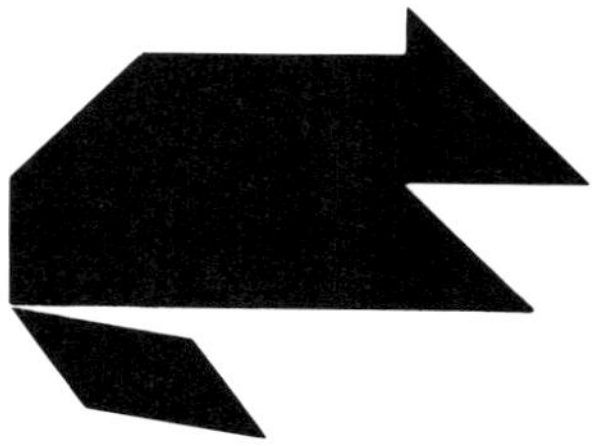
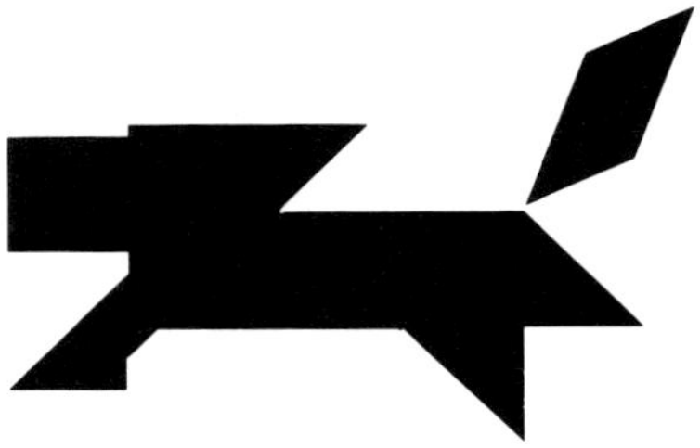
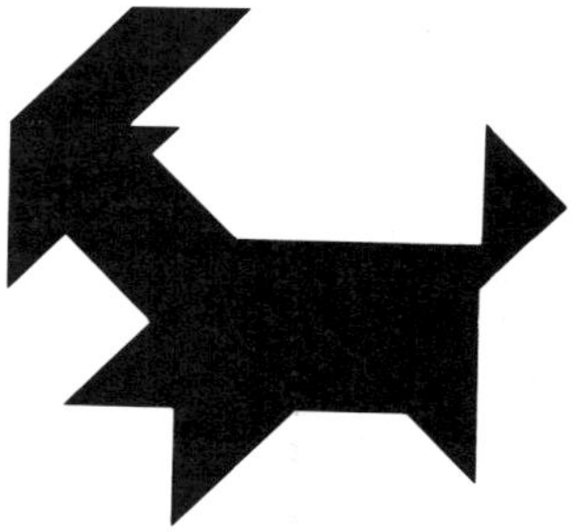

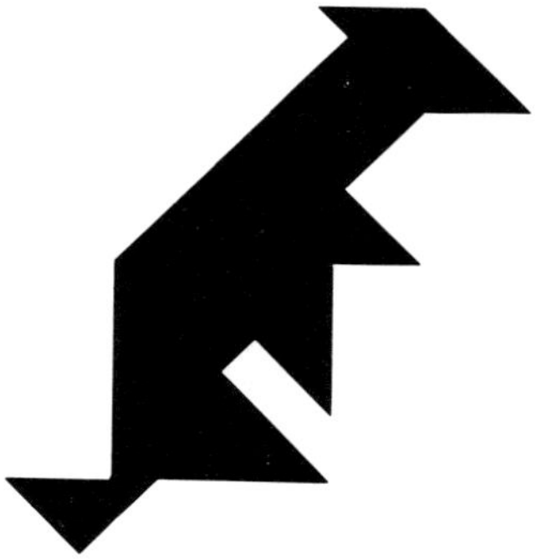

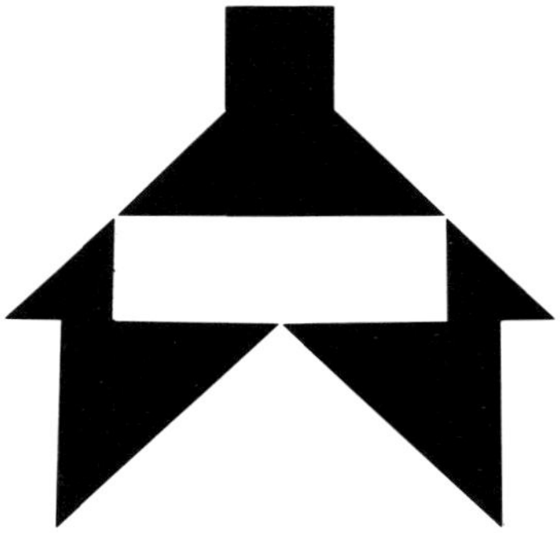

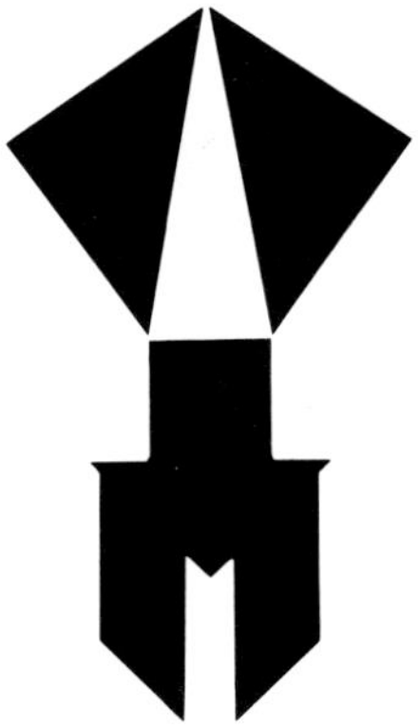

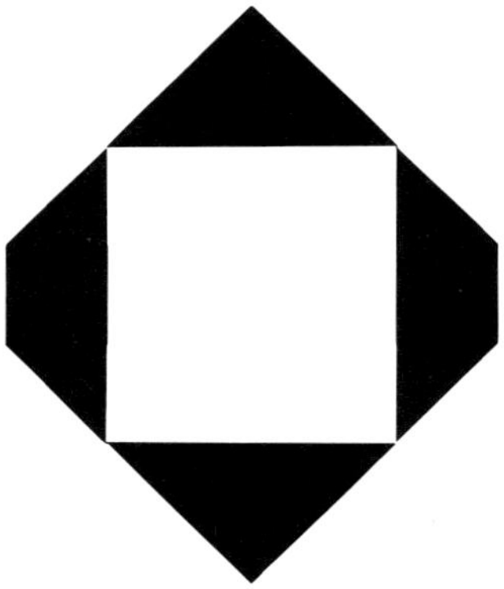

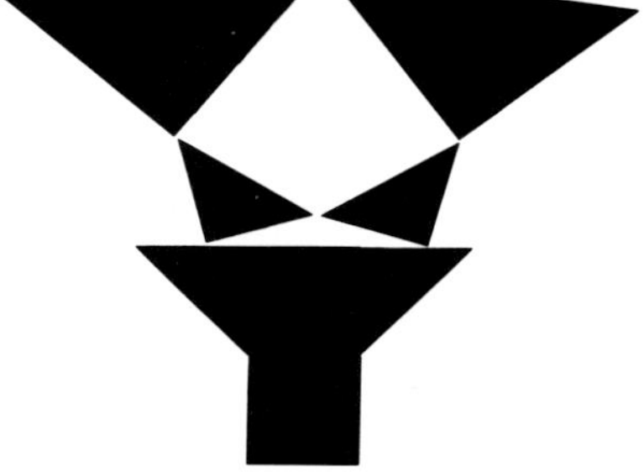

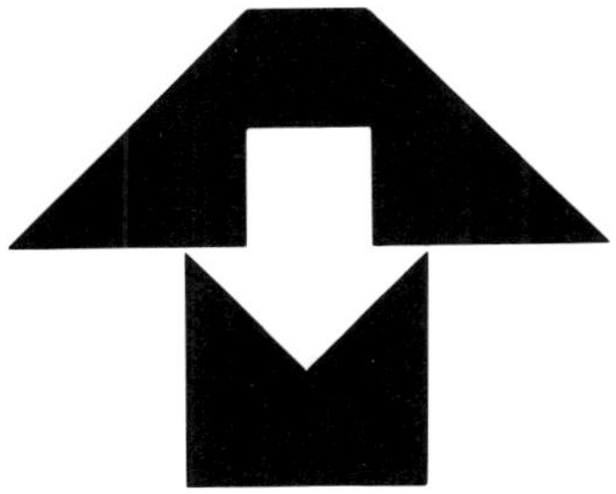

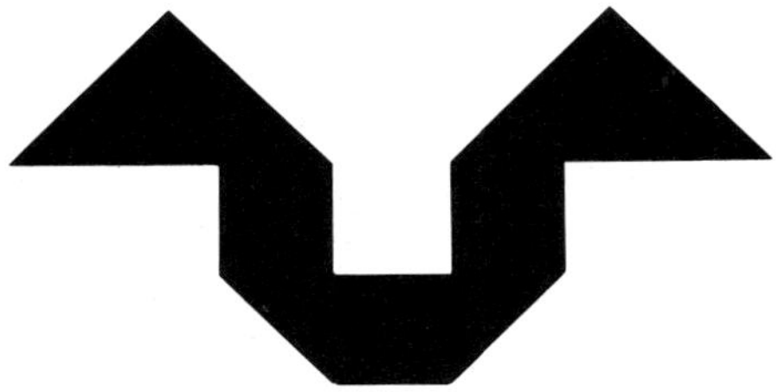

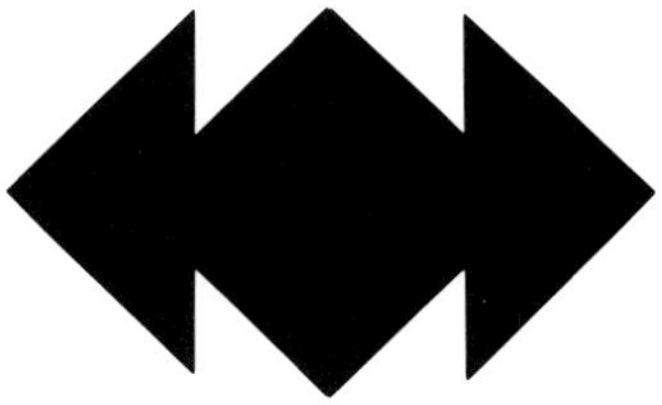

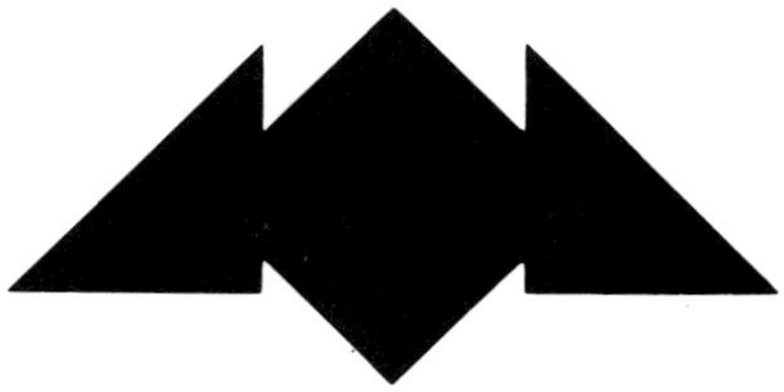

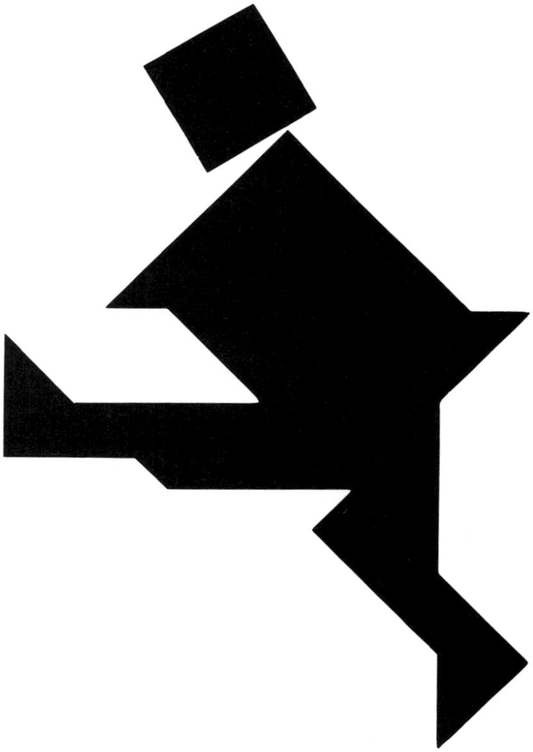

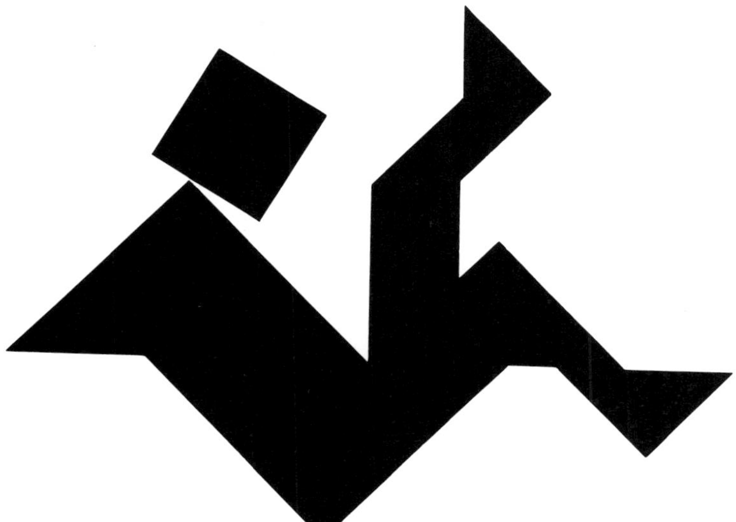

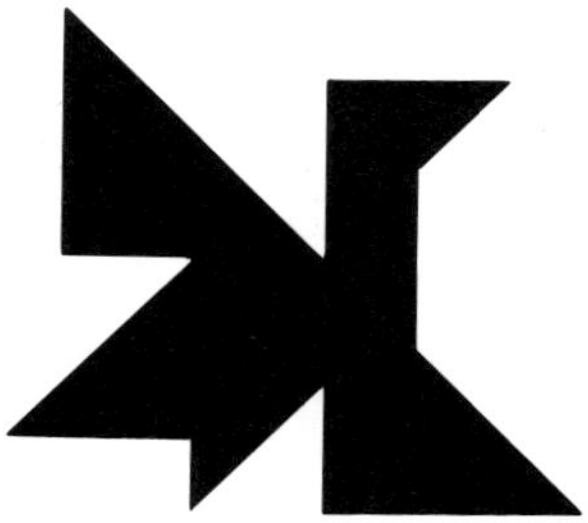

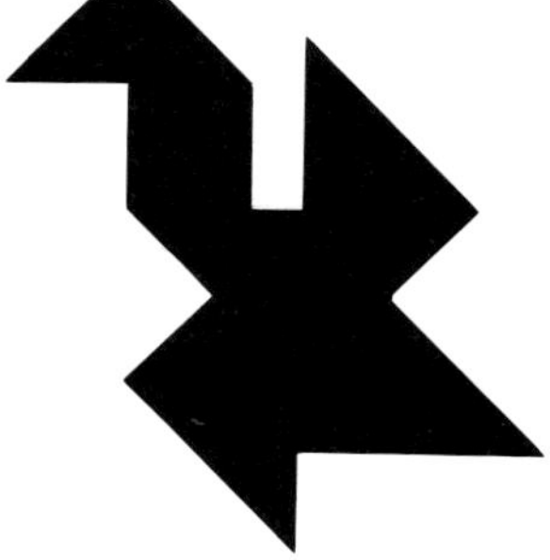

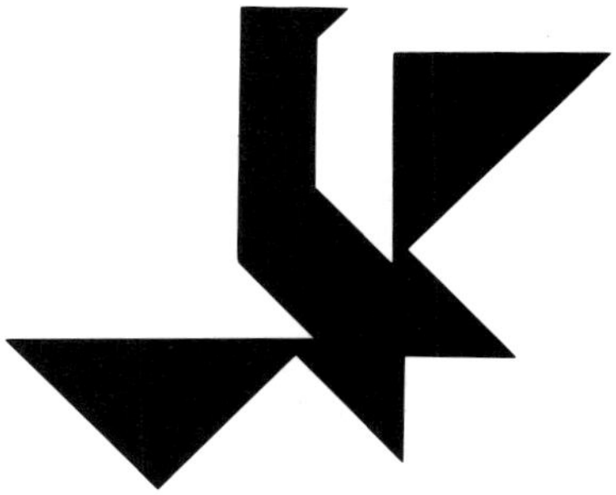

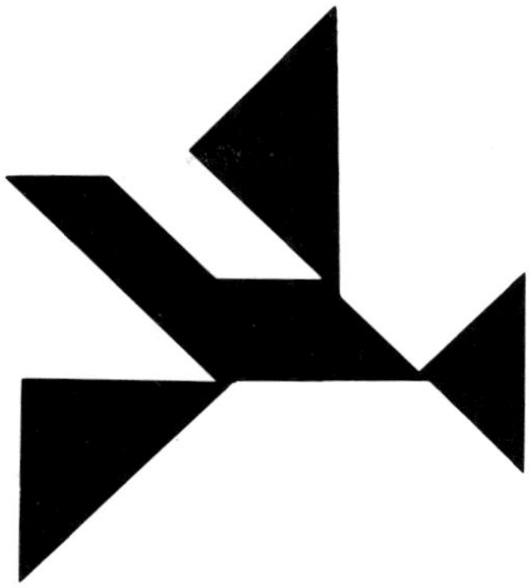

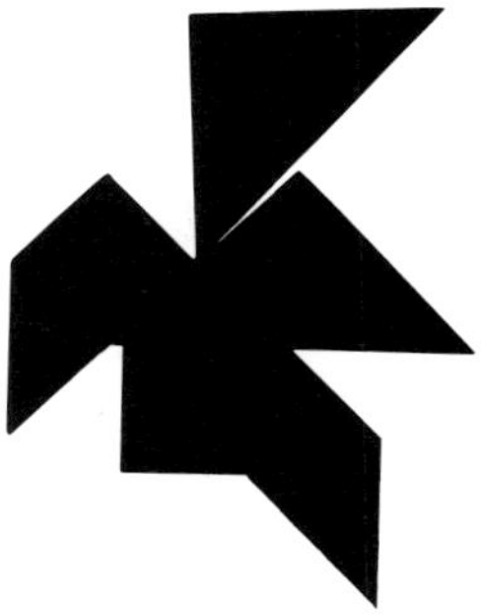

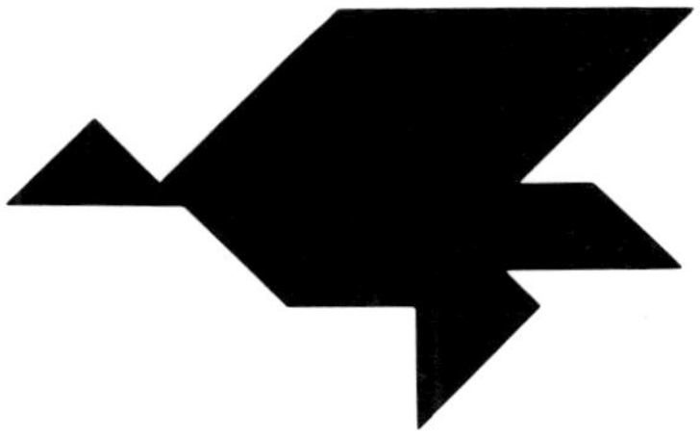

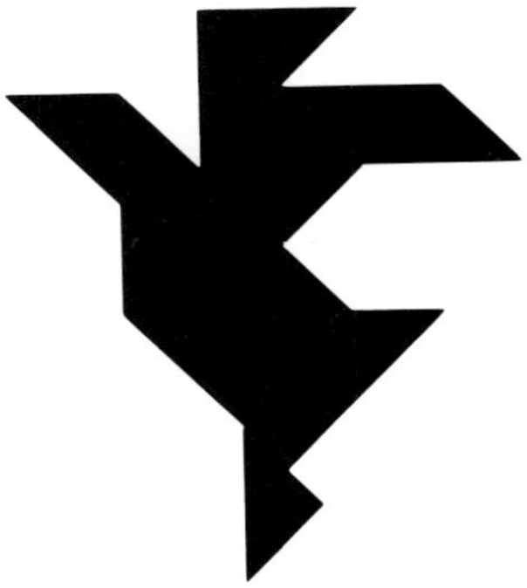

Klassifizieren und zählen

1 *Konvexe Tangramformen*

Wenn man die große Anzahl von Tangramformen sieht, die in diesem Buch zusammengebracht wurden, dann drängt sich die Frage auf: ist die Zahl der verschiedenen Tangramergebnisse begrenzt?

Im allgemeinen ist diese Zahl grenzenlos: ein laufendes Männchen, an dem ein Teilchen ein wenig anders gelegt wird, wird doch ein laufendes Männchen bleiben, aber formell entstehen dadurch unendlich viele verschiedene Formen.

Man wird den Tangramformen also Schranken setzen müssen, wenn man sie zählen will.

Eine interessante Eigenschaft der Tangramme ist ihre Konvexität. Man nennt eine Figur konvex, wenn bei je zwei Punkten in dieser Figur zugleich auch alle Punkte auf der Verbindungslinie dieser zwei Punkte innerhalb der Figur liegen. Der Vollmond z. B. ist konvex, die Mondsichel aber nicht.

1942 bewiesen Fu Traing Wang und Chuan Chih Hsiung von der National University of Chekiang, China, daß nicht mehr als genau dreizehn verschiedene konvexe Tangramme gelegt werden können.* Diese sind auf den Seiten 124 und 125 abgebildet.

Diesem Beweis liegt eine erfinderische Übersetzung des geometrischen Problemes in eine algebraische Gleichung zugrunde. Es ist deutlich, daß das Tangram in sechzehn gleiche, gleichseitige, rechteckige Dreiecke aufgeteilt werden kann (die wir Basisdreiecke nennen). Nennen wir die beiden kurzen Seiten eines Basisdreiecks die rationellen Seiten und die lange die irra-

Klassificeren en tellen

1 *Convexe tangrams*

Als men het grote aantal tangrams ziet die in dit boek verzameld zijn, dan dringt zich de vraag op: is er een grens aan het aantal verschillende tangrams?

In het algemeen is dit aantal grenzeloos: een rennend mannetje waarvan één stukje een klein beetje verlegd wordt zal een rennend mannetje blijven, maar formeel gezien krijgt men zo oneindig veel verschillende tangrams.

Er zullen dus beperkingen aan tangrams opgelegd moeten worden, wil men ze kunnen tellen.

Een interessante eigenschap is convexiteit. Een figuur heet convex, als met ieder tweetal punten uit die figuur ook alle punten op de verbindingslijn van die twee punten binnen de figuur liggen. De volle maan is bijvoorbeeld convex, een maansikkel niet.

In 1942 bewezen Fu Traing Wang en Chuan Chih Hsiung van de National University of Chekiang, China dat er niet meer dan precies 13 verschillende convexe tangrams te leggen zijn.* Deze staan afgebeeld op pagina 124 en 125.

De basis van het bewijs is een ingenieuze vertaling van dit meetkundige probleem in een algebraische vergelijking.

Het is duidelijk dat de tangram verdeeld kan worden in zestien gelijke, gelijkbenige rechthoekige drie-

* American Mathematical Monthly, volume 49.

tionelle Seite. Fu Traing Wang und Chuan Chih Hsiung bemerken dann folgendes:

Wenn sechzehn Basisdreiecke zu einem konvexen Vieleck zusammengestellt werden, dann liegt nirgends eine rationelle Seite an einer irrationellen, also: Wenn sechzehn Basisdreiecke zu einem konvexen Vieleck zusammengestellt werden, dann sind die Seiten des Vielecks aus Dreieckseiten derselben Art zusammengestellt (rationell oder irrationell). Wenn wir die Seiten des Vielecks, das aus rationellen Dreieckseiten besteht, rationell nennen (und analog irrationell), dann sind zwei anstoßende Seiten entweder beide rationell oder beide irrationell, wenn der zwischenliegende Winkel ein rechter ist, und verschiedenartig, wenn dieser Winkel 45 (spitz) oder 135 (stumpf) Grad hat. Gesetzt, ein solches Vieleck hat n Winkel, und zwar p spitze, q rechte und r stumpfe, dann ist

$$p+q+r=n. \qquad (1)$$

Der wichtige Schritt ergibt sich nun aus einer einfachen Eigenschaft konvexer Vielecke: Die Summe aller Winkel eines konvexen Vielecks mit n Seiten ist gleich $(n-2)\times180$ Grad. Wir kommen jetzt also zur folgenden Gleichung:

$$p\times45+q\times90+r\times135=(n-2)\times180. \qquad (2)$$

Eliminieren von r aus (1) und (2) ergibt:

$$2p+q=8-n.$$

Da p und q größer oder gleich 0 sind, ergibt sich, daß das Vieleck maximal acht Seiten haben kann, und insbesondere gibt es nur eine kleine Anzahl möglicher Werte für p, q, r und n: nämlich acht Seiten mit acht stumpfen Winkeln, sieben Seiten mit einem rechten und sechs stumpfen Winkeln, sechs Seiten mit zwei rechten und vier stumpfen Winkeln, oder einem spitzen und fünf stumpfen Winkeln, fünf Seiten mit drei rechten und zwei stumpfen oder einem rechten, einem spitzen und drei stumpfen Winkeln, vier Seiten mit vier rechten Winkeln (Rechteck), oder zwei spitzen und zwei stumpfen Winkeln (Parallelogramm und gleichschenkliges Trapez), oder einem spitzen, zwei

hoeken (verder basisdriehoeken te noemen). Noem de twee korte zijden van een basisdriehoek de rationale zijden, de lange de irrationale zijde. Fu Traing Wang en Chuan Chih Hsiung merken dan het volgende op:

Als zestien basisdriehoeken samengesteld worden tot een convexe veelhoek, dan ligt nergens een rationale zijde tegen een irrationale, en dus:

Als zestien basisdriehoeken samengesteld worden tot een convexe veelhoek, dan bestaan de zijden van de veelhoek uit driehoekzijden van dezelfde soort (rationaal of irrationaal). Als we zijden van de veelhoek die uit rationale driehoekzijden bestaan rationaal noemen (en analoog irrationaal), dan zijn twee aanliggende zijden of beiden rationaal of beiden irrationaal als de tussenliggende hoek recht is, en van verschillend type als deze hoek 45 (scherp) of 135 (stomp) graden is. Stel dat zo een veelhoek n hoeken heeft, en wel p scherpe, q rechte en r stompe. Dat wil zeggen

$$p+q+r=n \qquad (1)$$

De belangrijke stap volgt nu uit een eenvoudige eigenschap van convexe veelhoeken: de som van alle hoeken van een convexe veelhoek met n zijden is gelijk aan $(n-2)\times180$ graden. We krijgen dus nu de volgende vergelijking:

$$p\times45+q\times90+r\times135=(n-2)\times180. \qquad (2)$$

Elimineren van r uit (1) en (2) levert: $2p+q=8-n$.

Aangezien p en q groter of gelijk aan 0 zijn, volgt dat de veelhoek maximaal 8 zijden kan hebben, in het bijzonder zijn er maar een klein aantal mogelijke waarden voor p, q, r en n. Namelijk acht zijden met acht stompe hoeken, zeven zijden met één rechte en zes stompe hoeken, zes zijden met twee rechte en vier stompe of één scherpe en vijf stompe hoeken, vijf zijden met drie rechte en twee stompe of één rechte, één scherpe en drie stompe hoeken, vier zijden met vier rechte hoeken (rechthoek), of twee scherpe en twee stompe hoeken (paralellogram en gelijkbenig trapezium), of één scherpe, twee rechte en één stompe rechten und einem stumpfen Winkel, und schließlich drei Seiten mit zwei spitzen und einem rechten Winkel (Dreieck). Es zeigt sich dann, daß jedes dieser Vielecke in ein Rechteck (PQRS) eingezeichnet werden kann, und zwar so, daß die rationellen Seiten des Vielecks (ABCDEFGH) auf den Seiten des Rechtecks liegen.

hoek, en tenslotte drie zijden met twee scherpe en één rechte hoek (driehoek). Het blijkt dan dat elk van deze veelhoeken kan worden ingeschreven in een rechthoek (PQRS) zo dat de rationale zijden van de veelhoek (ABCDEFGH) op de zijden van de rechthoek liggen.

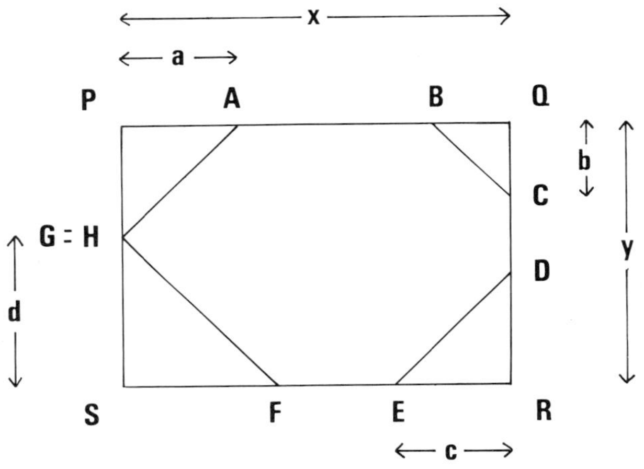

Das konvexe Vieleck ABCDEFGH im Rechteck PQRS
De convexe veelhoek ABCDEFGH in de rechthoek PQRS

Setzen wir voraus, daß die Seiten PQ und PS respektive eine Länge von x-mal einer Seite eines Basisdreiecks und y-mal einer Seite eines Basisdreiecks haben, dann hat das Rechteck eine Fläche von 2xy Basisdreiecken. Wenn die irrationalen Seiten (HA, BC, DE und FG) des konvexen Vielecks eine Länge von a, b, c und d irrationelle Basisdreieckseiten haben (a und/oder b und/oder c und/oder d ist eventuell 0), dann haben die Dreiecke PAH, BQC, DRE und FSG respektive eine Fläche von a^2, b^2, c^2 und d^2 Basisdreiecken. Da das konvexe Vieleck eine Fläche von sechzehn Basisdreiecken hat, muß also:
$a^2+b^2+c^2+d^2=2xy-16$ sein,
mit der Bedingung:
$a+b\leqq x, c+d\leqq x, a+d\leqq y, b+c\leqq y.$

Stel nu dat de zijden PQ en PS respectievelijk een lengte van x maal een zijde van een basisdriehoek en y maal een zijde van een basisdriehoek hebben, dan heeft de rechthoek een oppervlakte van 2xy basisdriehoeken. Als de irrationale zijden (HA, BC, DE en FG) van de convexe veelhoek een lengte van respectievelijk a, b, c en d irrationale basisdriehoekzijden hebben (a en of b en of c en of d is eventueel 0), dan hebben de driehoeken PAH, BQC, DRE en FSG respectievelijk een oppervlakte van a^2, b^2, c^2 en d^2 basisdriehoeken. Aangezien de convexe veelhoek een oppervlakte van zestien basisdriehoeken heeft moet dus gelden:
$a^2+b^2+c^2+d^2=2xy-16$
met de condities:
$a+b\leqq x, c+d\leqq x, a+d\leqq y, b+c\leqq y.$

Das ursprüngliche Problem ist nun völlig durch die Lösungen dieser Gleichung mit den dazugehörenden Bedingungen bestimmt. Fu Traing Wang und Chuan Chih Hsiung zeigen dann, mit einer geschickt gewählten Einteilung für die Möglichkeitswerte von x und y, daß es genau zwanzig konvexe, aus sechzehn Basisdreiecken aufgebaute Vielecke gibt, von denen dreizehn mit dem Tangram gelegt werden können.

2 *Gittertangramme*

Unter einem Gitter verstehen wir alle Punkte in einer ebenen Fläche mit ganzen x- und y-Koordinaten. Visuell stimmt das etwa mit einem gut geordneten Obstgarten, aus der Luft gesehen, überein. Ein Gittertangram ist ein Tangram, bei dem alle Winkelpunkte von den sieben Stückchen zusammenfallen mit Gitterpunkten (eventuell nachdem das Tangram gedreht oder verschoben wurde).

Jedes Gittertangram kann man mit Basisdreiecken zu einem konvexen Vieleck ergänzen. Die Mindestzahl an Basisdreiecken, die benötigt wird, um ein Gittertangram zu einem konvexen Vieleck zu ergänzen, werden wir die Konvexitätszahl dieses Tangrams nennen, und das dazugehörende konvexe Vieleck nennen wir die Konvexumfassende des Tangrams.

Konvexe Tangramformen haben zum Beispiel die Konvexitätszahl 0 und sind ihre eigene Konvexumfassende. Umgekehrt kann man aus einem konvexen Vieleck, das aus zum Beispiel siebzehn Basisdreiecken besteht, ein Basisdreieck wegnehmen: dann entsteht eine Figur, die eventuell ein Tangram ist. Auf diese Weise ergeben sich alle Gittertangramme mit der Konvexitätszahl 0 und 1: die konvexen und die 1-konvexen Tangramme. Um alle 1-konvexen Tangramme zu finden, können wir genau denselben Weg verfolgen wie bei den konvexen Tangramformen und überall die Zahl sechzehn durch die Zahl siebzehn ersetzen. All-

Het oorspronkelijke probleem is nu geheel bepaald door de oplossingen van deze vergelijking met de bijbehorende condities. Fu Traing Wang en Chuan Chih Hsiung laten dan met een handig gekozen indeling voor de mogelijke waarden van x en y zien dat er precies twintig convexe uit zestien basisdriehoeken opgebouwde veelhoeken zijn, waarvan er dertien met de tangram te leggen zijn.

2 *Rooster tangrams*

Onder een rooster zullen we alle punten in het platte vlak met gehele x- en y-coordinaten verstaan. Visueel komt dit overeen met een nette boomgaard vanuit de lucht gezien. Een rooster tangram is een tangram waarvan alle hoekpunten van alle zeven stukken samenvallen met rooster punten (eventueel na draaien en/of verplaatsen van de tangram).

Elke rooster tangram kan men met basisdriehoeken aanvullen tot een convexe veelhoek. Het minimum aantal basisdriehoeken dat nodig is om een rooster tangram aan te vullen tot een convexe veelhoek zullen we het convexiteits getal van die tangram noemen, en de bijbehorende convexe veelhoek de convex omhullende van de tangram.

Convexe tangrams hebben bijvoorbeeld convexiteits getal 0, en zijn hun eigen convex omhullende.

Omgekeerd kan men uit een convexe veelhoek bestaande uit bijvoorbeeld 17 basisdriehoeken één basisdriehoek wegnemen, dan ontstaat een figuur die eventueel een tangram is. Op deze wijze krijgen we alle rooster tangrams met convexiteits getal 0 en 1: de convexe en de 1-convexe tangrams.

Om alle 1-convexe tangrams te vinden kunnen we net zo te werk gaan als bij de convexe tangrams, vervang overal het getal 16 door het getal 17. Algemener kunnen we overal het getal 16 door n vervangen om alle n-convexe tangrams te vinden. Berekeningen ana-

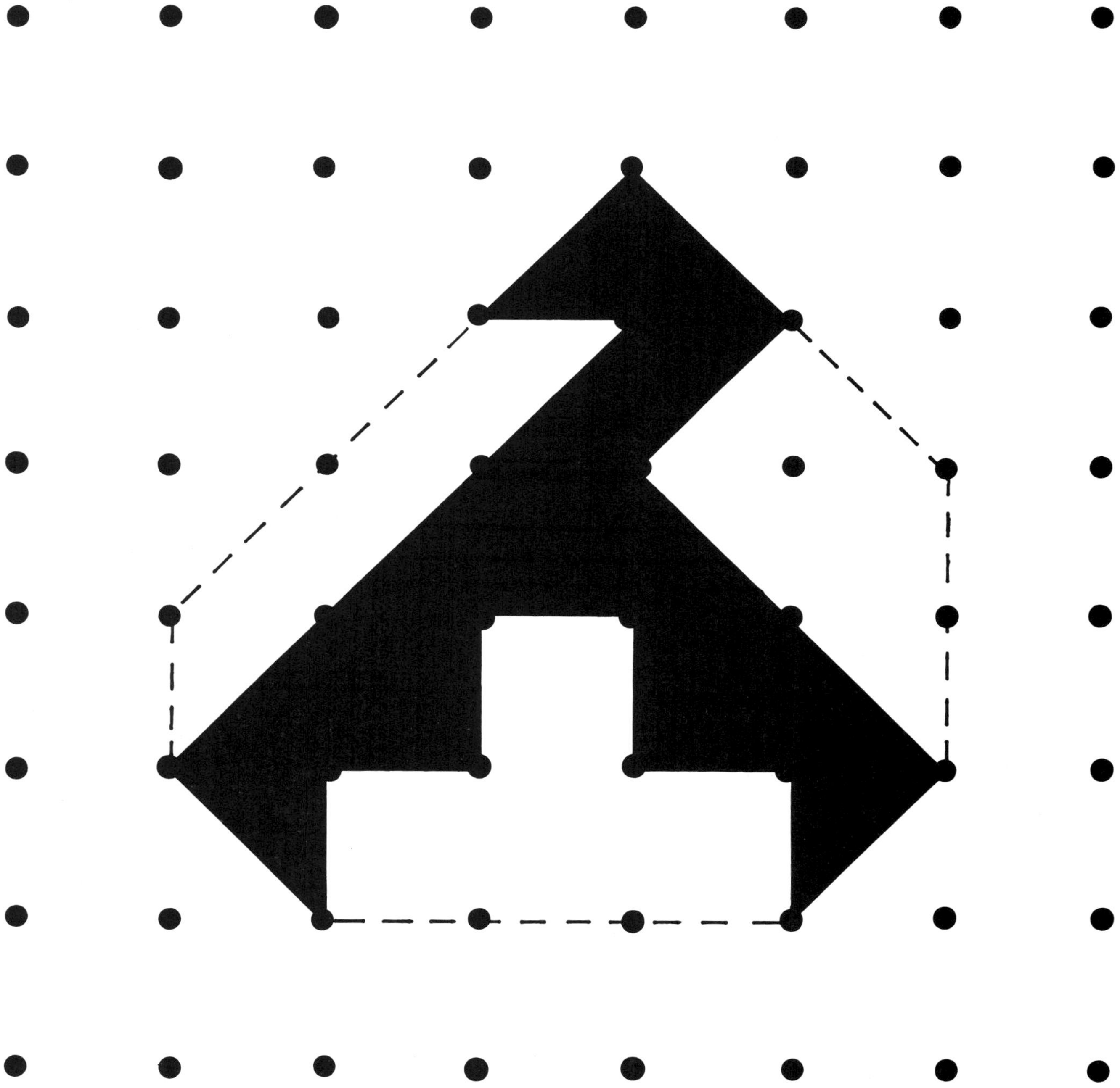

gemeiner können wir überall die Zahl sechzehn durch n ersetzen, um alle n-konvexen Tangramme zu finden. Berechnungen analog denen im Fall der sechzehn Basisdreiecke lehren uns, daß es neun konvexe Vielecke, die aus siebzehn Basisdreiecken bestehen, gibt. Die Zahl der 1-konvexen Tangramme kann folgernd berechnet werden: Es gibt wesentlich mehr 1-konvexe Tangramme als konvexe Tangramme.

Alle 133 1-konvexen Tangramme sind bei diesem Kapitel abgebildet (Seite 126, 127, 128, 129, 130, 132, 133 und 135). Die Zahl der 2-konvexen Tangramme (die man aus den siebzehn konvexen Vielecken, bestehend aus achtzehn Basisdreiecken, gewinnt) ist dermaßen groß, daß wir eine Auswahl geben (Seite 136 bis 163).

Es gibt wesentlich mehr 3-konvexe als 2-konvexe Tangramme, mehr 4-konvexe Tangramme als 3-konvexe; ... auf die Dauer aber wird das Tangram in ein oder mehrere Stücke auseinanderfallen, die immer weiter voneinander entfernt liegen, je größer die Konvexitätszahl ist. Um dieser nicht besonders interessanten Gruppe Tangramme aus dem Wege zu gehen, möchten wir noch eine Einschränkung machen: Zusammenhang. Ein Tangram nennt man zusammenhängend, wenn alle zwei Punkte im Tangram durch eine Kurve verbunden werden können, die ganz innerhalb des Tangrams liegt.

Gibt es eine Größengrenze der Konvexitätszahl, die bei einem zusammenhängenden Gittertangram vorkommen kann? Intuitiv ist die Antwort: ja. Im Nachstehenden wollen wir etwas genauer darauf eingehen.

Basisdreieckseiten wollen wir abkürzen zu Basisseiten.

loog aan die in het geval met 16 basisdriehoeken leren ons dat er 9 convexe veelhoeken bestaande uit 17 basisdriehoeken zijn. Hieruit kan men het aantal 1-convexe tangrams berekenen: er zijn aanzienlijk meer 1-convexe tangrams dan convexe tangrams.

Alle 133 1-convexe tangrams staan bij dit hoofdstuk afgedrukt (pagina 126, 127, 128, 129, 130, 132, 133, 135). Het aantal 2-convexe tangrams (te verkrijgen uit de 17 convexe veelhoeken bestaande uit 18 basisdriehoeken) is dermate groot dat we een selectie geven (pagina 136 t/m 163). Er zijn aanzienlijk meer 3-convexe dan 2-convexe tangrams, meer 4-convexe dan 3-convexe, ... Op den duur zal echter de tangram in twee of meer stukken uiteenvallen die steeds verder van elkaar af komen te liggen als het convexiteits getal groter wordt. Om deze niet bijzonder interessante groep van tangrams te omzeilen, zullen we nog een beperking opleggen: samenhang. Een tangram heet samenhangend als elke twee punten in de tangram door een kurve verbonden kunnen worden die geheel binnen de tangram ligt.

Is er een grens aan de grootte van het convexiteits getal dat kan optreden bij een samenhangende rooster tangram? Intuitief is het antwoord ja. In het volgende zullen we dit wat nauwkeuriger bekijken.

Basisdriehoekzijden zullen afgekort worden tot basiszijden.

Noem een stel opeenvolgende basiszijden een boog. Een samenhangende tangram heeft altijd een rand, dat wil zeggen alle stukken liggen binnen een gesloten boog opgebouwd uit basiszijden van de 16 basisdriehoeken van de tangram.

◁ Gitter mit Gittertangram und Konvexumfassende. Das Tangram ist 19-konvex

◁ Rooster met roostertangram en convex omhullende. De tangram is 19-convex

Nennen wir eine Reihe von aufeinanderfolgenden Basisseiten einen Bogen. Ein zusammenhängendes Tangram hat immer einen Rand, das heißt, daß alle Stücke innerhalb eines geschlossenen Bogens liegen, aufgebaut aus Basisseiten der 16 Basisdreiecke des Tangrams.

Es ist möglich, daß der Rand des Tangrams völlig zusammengeht mit dem Rand der Konvexumfassenden. Wenn das nicht der Fall ist, dann setzt sich der Rand zusammen aus Bogen, die völlig dem Rand der Konvexumfassenden gleich sind, und Bogen, die nur den Beginn – und Endpunkt mit dem Rand gemeinsam haben. Im letzten Fall machen zwei aufeinanderfolgende Basisseiten keinen Winkel von 45 oder 90 Grad miteinander – sonst gäbe es eine kleinere Konvexumfassende, und nicht mehr als einmal einen Winkel von 135 Grad – aus demselben Grund.

Dieser Bogen ist also entweder eine gerade Linie oder zwei Linienstücke mit dazwischenliegendem Winkel von 135 Grad. In beiden Fällen ist der Bogen die kürzeste Verbindung seiner beiden Endpunkte, was auch bedeutet, daß der dazugehörende Bogen des Tangrams aus gleich vielen oder weniger Basisseiten zusammengesetzt ist.

Dies gilt aber für alle Bogen, die zusammen den Rand des Tangrams bilden, auch für diejenigen, die mit dem Rande der Konvexumfassenden zusammenfallen. Der Rand der Konvexumfassenden ist also aus gleich vielen oder mehr Basisseiten wie der Rand des Tangrams zusammengesetzt. Der Rand des Tangrams aber hat maximal 18 Basisseiten, denn die sieben Stükke haben im Ganzen 30 Basisseiten, von denen (des Zusammenhanges wegen) mindestens zweimal sechs nicht zu dem Rand gehören.

Schlußfolgerung: Der Rand der Konvexumfassenden eines zusammenhängenden Gittertangrams ist aus höchstens 18 Basisseiten zusammengestellt.

Die Frage ist nun: was ist die maximale Fläche eines konvexen Vielecks mit einem Rand von 18 Basissei-

Het is mogelijk dat de rand van de tangram geheel samenvalt met de rand van de convex omhullende. Als dit niet het geval is, dan is de rand samengesteld uit bogen die geheel met de rand van de convex omhullende samenvallen, en bogen die alleen begin- en eindpunt met die rand gemeen hebben. In het laatste geval maken twee opeenvolgende basiszijden géén hoeken van 45 of 90 graden met elkaar – anders was er een kleinere convex omhullende, en niet meer dan éénmaal een hoek van 135 graden – om dezelfde reden. Deze boog is dus of een rechte lijn of twee lijnstukken met tussenliggende hoek van 135 graden. In beide gevallen is de boog de kortste verbinding van zijn twee eindpunten, hetgeen impliceert dat de bijbehorende boog van de tangram uit evenveel of meer basiszijden bestaat. Maar dit geldt voor alle bogen die samen de rand van de tangram vormen, ook voor degenen die met de rand van de convex omhullende samenvallen. De rand van de convex omhullende bestaat dus uit evenveel of minder basiszijden dan de rand van de tangram.

De rand van de tangram bestaat echter maximaal uit 18 basiszijden, want de zeven stukken hebben in totaal 30 basiszijden, waarvan er (vanwege de samenhang) minstens tweemaal 6 niet tot de rand behoren.

Uiteindelijke conclusie: de rand van de convex omhullende van een samenhangende rooster tangram bestaat uit ten hoogste 18 basiszijden.

De vraag is nu: wat is de maximale oppervlakte van een convexe veelhoek met een rand bestaande uit 18 basiszijden? (Het is duidelijk dat de maximale oppervlakte kleiner is bij een kleinere rand.)

Beschouw de rechthoek PQRS uit het vorige gedeelte, waar nu de convex omhullende van een tangram met een rand van 18 basiszijden is ingeschreven. Laten ook nu a, b, c en d de lengtes van de irrationale zijden zijn. Omdat de rationale zijden met de rand van de rechthoek samenvallen geldt voor de omtrek van de rechthoek: $2(x+y)=18+(a+b+c+d)$. Verder

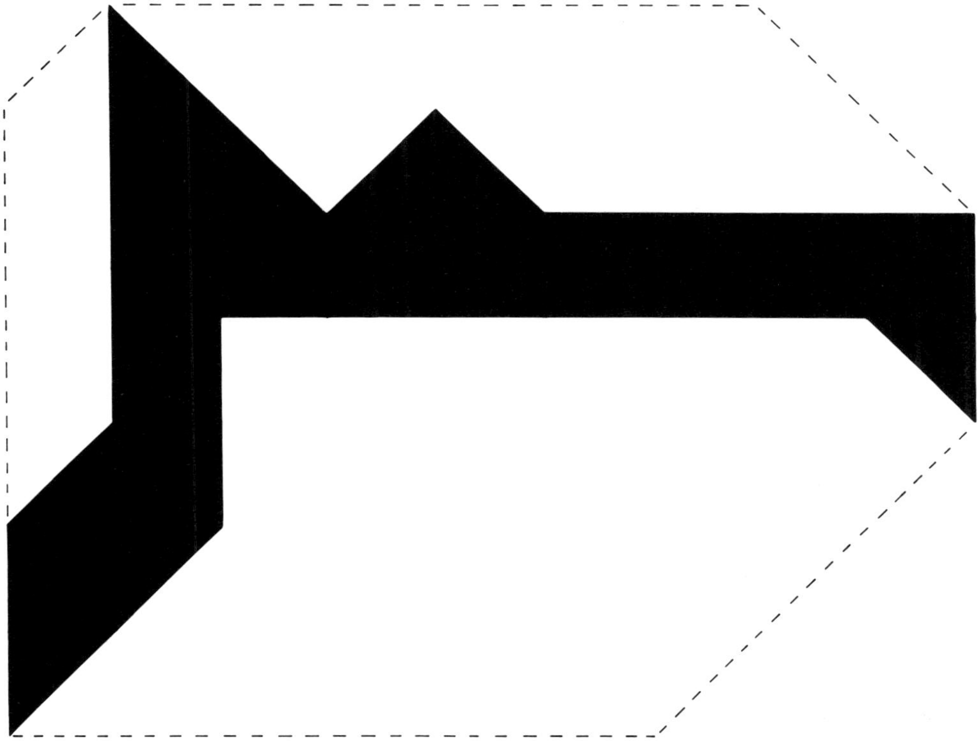

ten? (Es ist eindeutig, daß die maximale Fläche kleiner ist bei einem kleineren Rand.)

Betrachten wir das Rechteck PQRS aus dem vorigen Abschnitt, in das nun die Konvexumfassende eines Tangrams mit einem Rand von 18 Basisseiten eingeschrieben wurde. Auch jetzt seien a, b, c und d die Längen der irrationalen Seiten. Weil die rationellen Seiten mit dem Rand des Rechtecks zusammenfallen, gilt für den Umfang des Rechtecks: $2(x + y) = 18 + (a + b + c + d)$. Ferner ist die Fläche des konvexen Vielecks gleich $2xy - (a^2 + b^2 + c^2 + d^2)$. Bei einer gegebenen Zahl irrationaler Basisseiten (also $a + b$

is de oppervlakte van de convexe veelhoek gelijk aan $2xy - (a^2 + b^2 + c^2 + d^2)$.

Bij gegeven aantal irrationale basiszijden (dus $a + b + c + d$ gegeven), is $a^2 + b^2 + c^2 + d^2$ minimaal als a, b, c en d zo dicht mogelijk bij elkaar liggen, en tevens xy maximaal als x en y zo min mogelijk schelen.

Men kan dus voor verschillende aantallen irrationale basiszijden eenvoudig (de gevonden waarden blijken consistent met de condities) de maximale oppervlakte berekenen, en deze blijkt toe te nemen met het aantal irrationale zijden.

$+ c + d$ bekannt) ist $a^2 + b^2 + c^2 + d^2$ minimal, wenn a, b, c und d so nah wie möglich beieinander liegen, und außerdem xy maximal, wenn x und y so wenig wie möglich verschieden sind.

Man kann also für verschiedene Anzahlen irrationeller Basisseiten (es zeigt sich, daß die gefundenen Werte konsistent mit den Umständen sind) einfach die maximale Fläche berechnen, und es zeigt sich, daß diese größer wird mit der Zahl der irrationellen Seiten.

Die Fläche ist also maximal, wenn $a + b + c + d = 18$, $x = y = 9$, $a = b = 4$ und $c = d = 5$ sind. Das ist eine Fläche von $2.81 - 16 - 16 - 25 - 25 = 80$ Basisdreiecken.

Um eine schärfere Grenze zu erzielen, bedienen wir uns auch noch der Tatsache, daß der Rand des Tangrams maximal 10 irrationelle Basisseiten umfaßt. Es ist möglich, daß die Konvexumfassende mehr irrationelle Basisseiten hat als das Tangram, aber dann hat sie für jede irrationelle Seite mehr zwei rationelle Seiten weniger: die Totalzahl der Basisseiten wird weniger, und somit nimmt schließlich auch die Fläche ab.

Wir bekommen dann eine maximal zu verwirklichende Fläche von 72 Basisdreiecken (bei einem Rand mit 10 irrationellen und rationellen Basisseiten).

Das heißt also, daß ein zusammenhängendes Gittertangram höchstens 56-konvex sein kann. Daß diese Grenze auch verwirklicht werden kann, ist zweifellos ausgeschlossen; bis jetzt nähert sich das nebenstehende Tangram dieser am meisten (40-konvex).

De oppervlakte is dus maximaal als $a+b+c+d=18$, $x=y=9$, $a=b=4$ en $c=d=5$. Dit geeft een oppervlakte van $2.81-16-16-25-25=80$ basisdriehoeken.

Om een scherpere grens te krijgen maken we ook nog gebruik van het feit dat de rand van de tangram maximaal 10 irrationale basiszijden bevat. Het is mogelijk dat de convex omhullende meer irrationale basiszijden heeft dan de tangram, maar dan heeft hij met elke irrationale zijde meer twee rationale zijden minder: het totaal aantal basiszijden neemt af, zodat uiteindelijk ook de oppervlakte afneemt.

We krijgen dan een maximaal realiseerbare oppervlakte van 72 basisdriehoeken (bij een rand met 10 irrationale en 8 rationale basiszijden).

Dat wil zeggen dat een samenhangende rooster tangram ten hoogste 56-convex kan zijn. Dat deze grens ook bereikt kan worden is ongetwijfeld niet het geval, tot nu toe komt bijstaande tangram er het dichtste bij (40-convex).

3 Teilbare Tangramme

Die Zahl der zusammenhängenden Gittertangramme ist sehr groß. Um einigermaßen einen Eindruck der Größe der Zahl zu bekommen, betrachten wir jetzt Tangramme, für die noch eine schwere Bedingung gilt, nämlich solche, die man in zwei identische Teile aus-

3 Splitsbare tangrams

Het aantal samenhangende rooster tangrams is bijzonder groot. Om een beetje een indruk te krijgen hoe groot, bekijken we nu tangrams die aan nog een zware eis voldoen, namelijk tangrams die in twee identieke samenhangende delen te splitsen zijn: splitsbare sa-

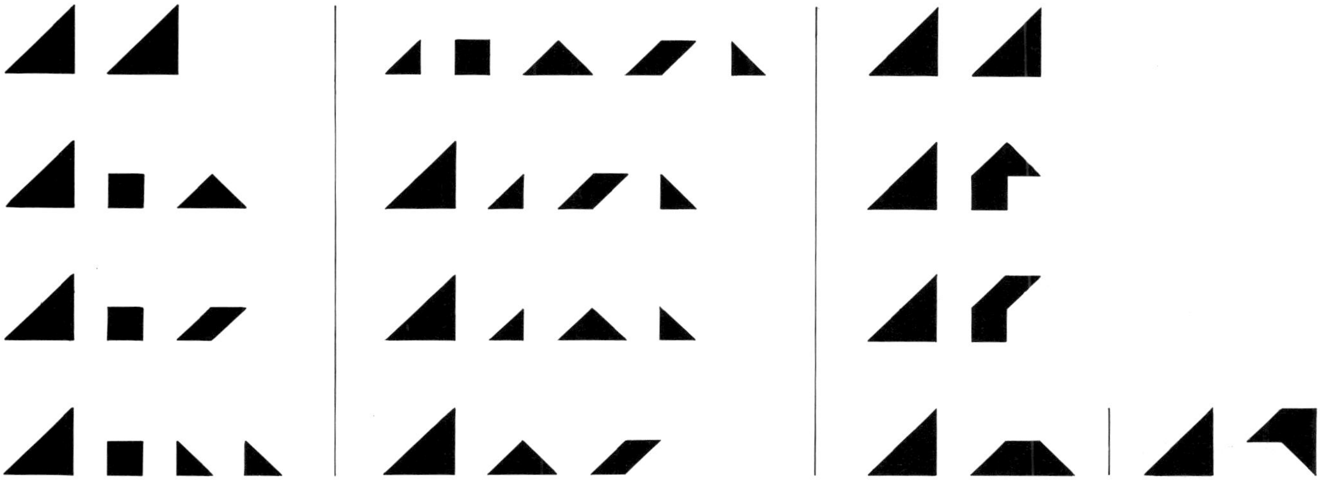

Links: Teile in der einen Zwillingshälfte, Mitte: Teile in der anderen Zwillingshälfte, dann ist (rechts) jede Hälfte aus diesen beiden Teilen – oder ihren Spiegelbildern zusammengestellt (wenn bei den unteren drei das große Dreieck in jeder Hälfte am selben Platz liegt).

Links: stukken in de ene tweelinghelft, midden: stukken in de andere helft, dan is (rechts) elke helft samengesteld uit deze twee onderdelen – of hun spiegelbeelden (wanneer bij de onderste drie de grote driehoek in elke helft op dezelfde plaats ligt).

einandernehmen kann: teilbare zusammenhängende Gittertangramme.

Ein teilbares Tangram entsteht, indem man zwei gleiche ›halbe‹ Tangramme zusammenfügt.

Es gibt 65 von solchen Zwillingstangrammen (60 davon auf den Seiten 164 und 165). In der obenstehenden Abbildung ist ein Teil aus dem Zählvorgang dargestellt.

Da man identische halbe Tangramme noch auf zahlreiche Weisen kombinieren kann, gibt es einige Tausende teilbare zusammenhängende Gittertangramme. Einige Vorbilder findet man auf den Seiten 165, 167, 168 und 169.

Für den Leser, der noch weiter mit diesen speziellen Tangramformen spielen möchte, die folgende Frage: was ist die größte Konvexitätszahl, die bei einem zusammenhängenden teilbaren Gittertangram zu finden ist?

menhangende rooster tangrams. Een splitsbare tangram ontstaat dus door samenvoeging van twee gelijke »halve« tangrams.

Er zijn precies 65 van zulke tweeling tangrams (60 hiervan op pagina 164 en 165). In bovenstaande illustratie is een gedeelte uit het tel-proces weergegeven.

Aangezien men twee identieke halve tangrams nog op tientallen manieren kan combineren, zijn er enkele duizenden splitsbare samenhangende rooster tangrams! Enkele voorbeelden staan op de paginaas 165, 167, 168 en 169.

Voor de lezer die nog verder wil spelen met deze speciale tangrams de volgende vraag: wat is het grootste convexiteitsgetal dat kan optreden bij een samenhangende splitsbare rooster tangram?

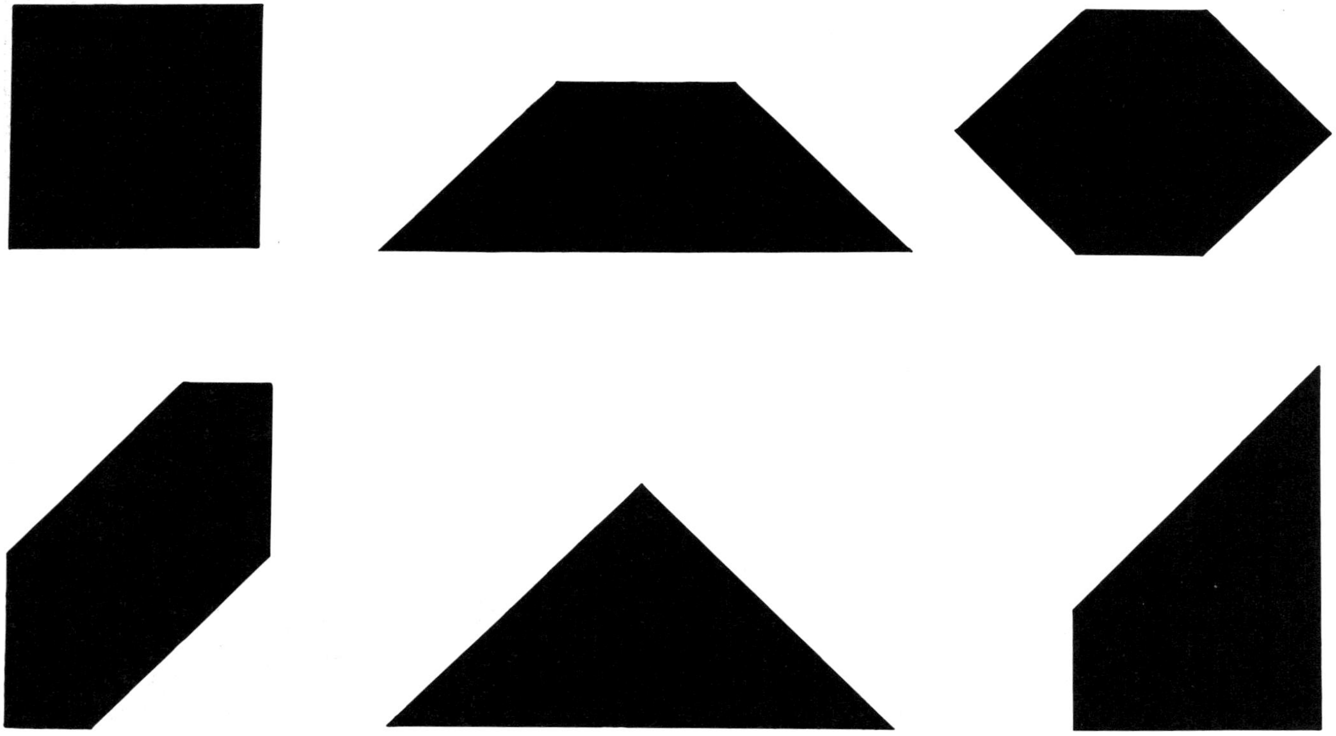

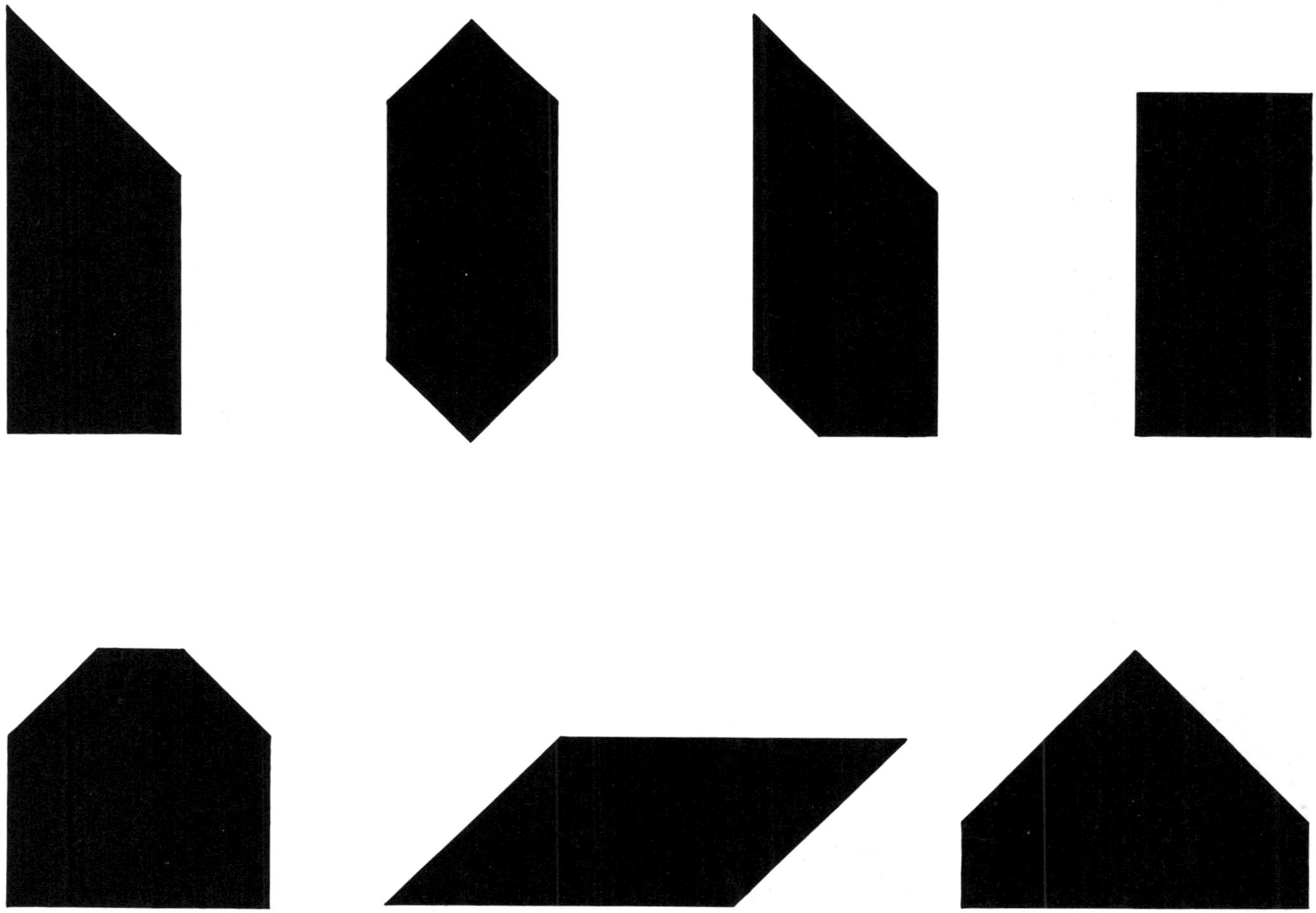

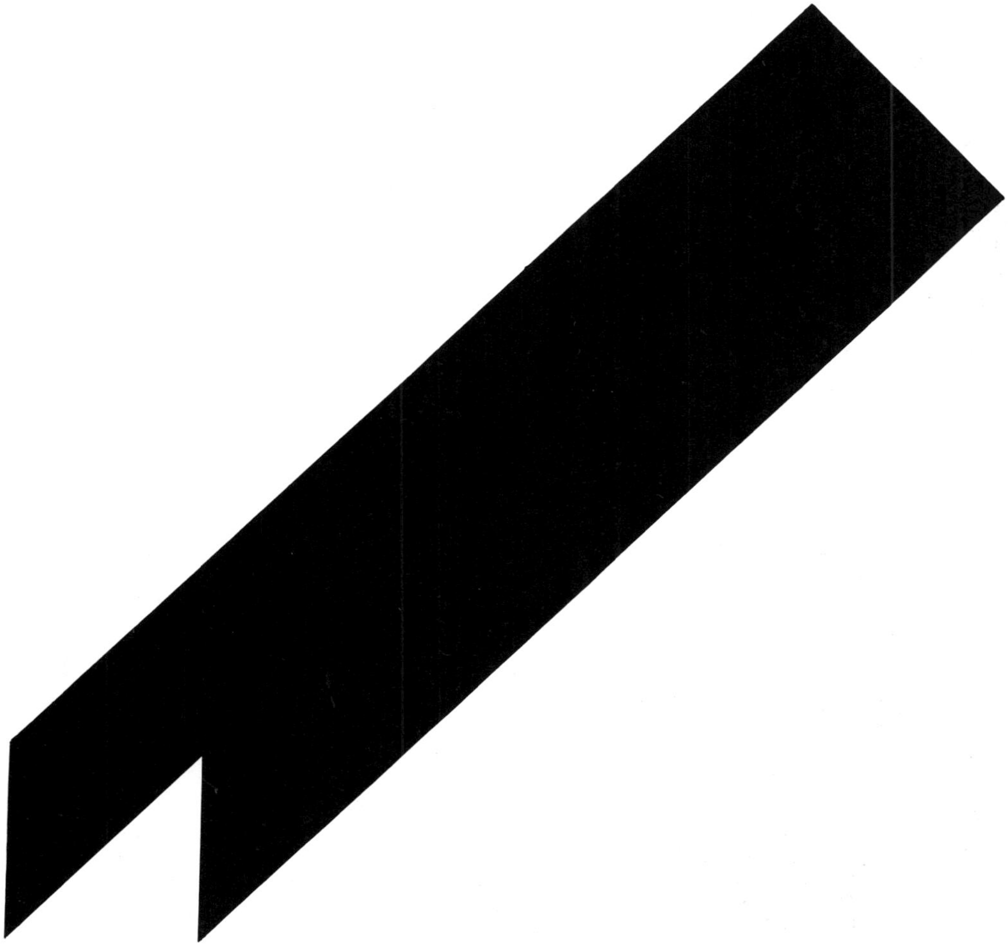

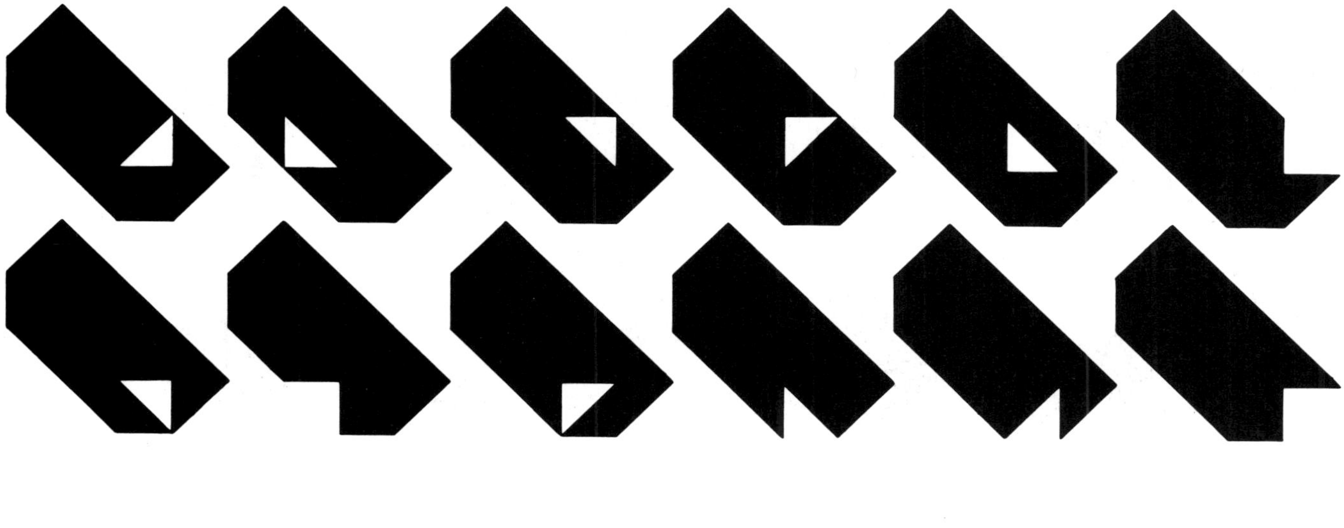

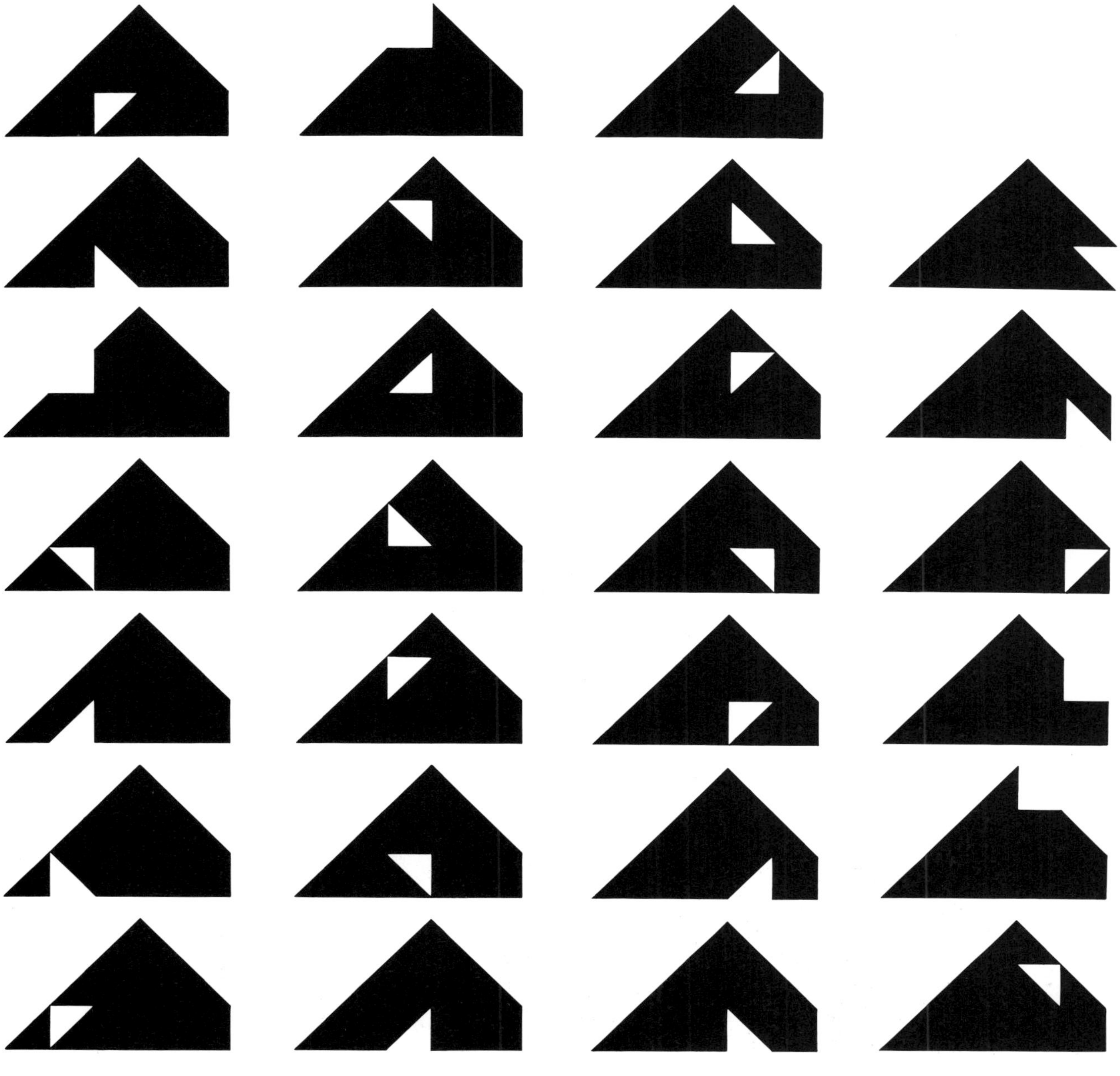

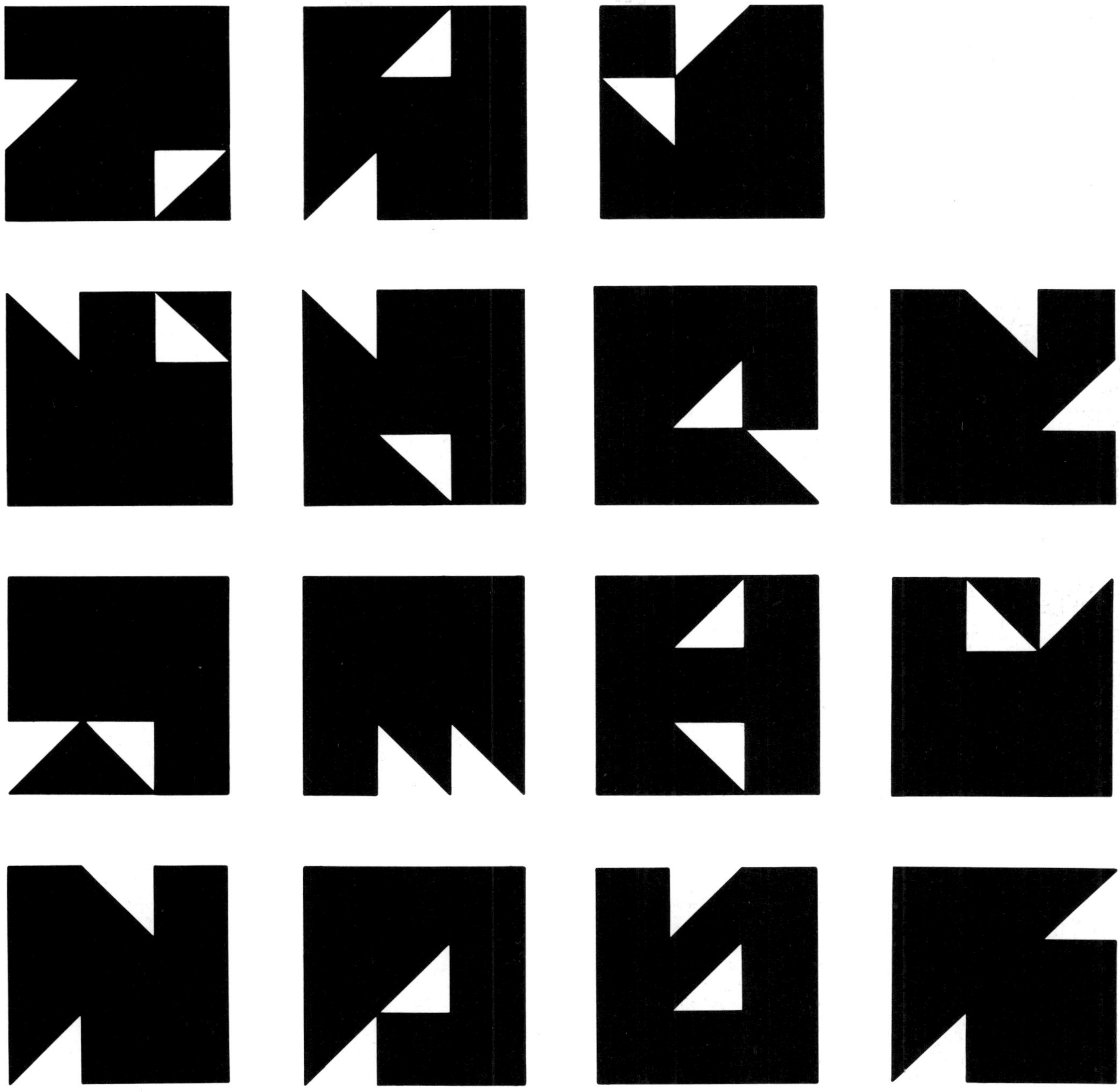

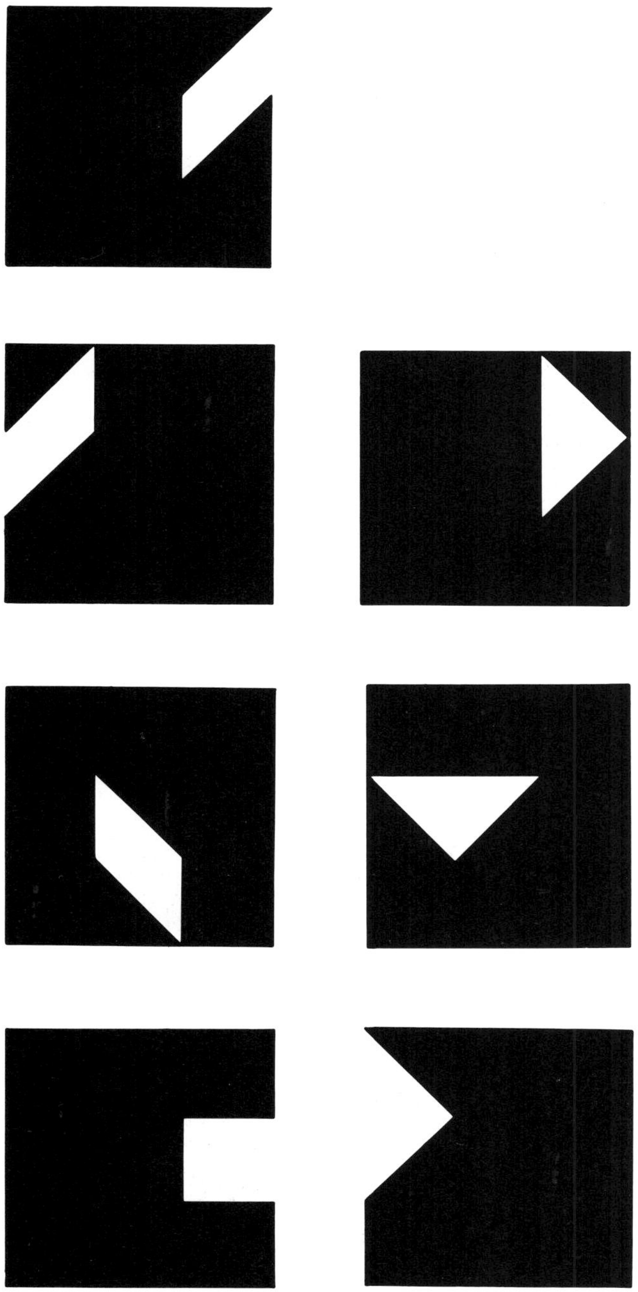

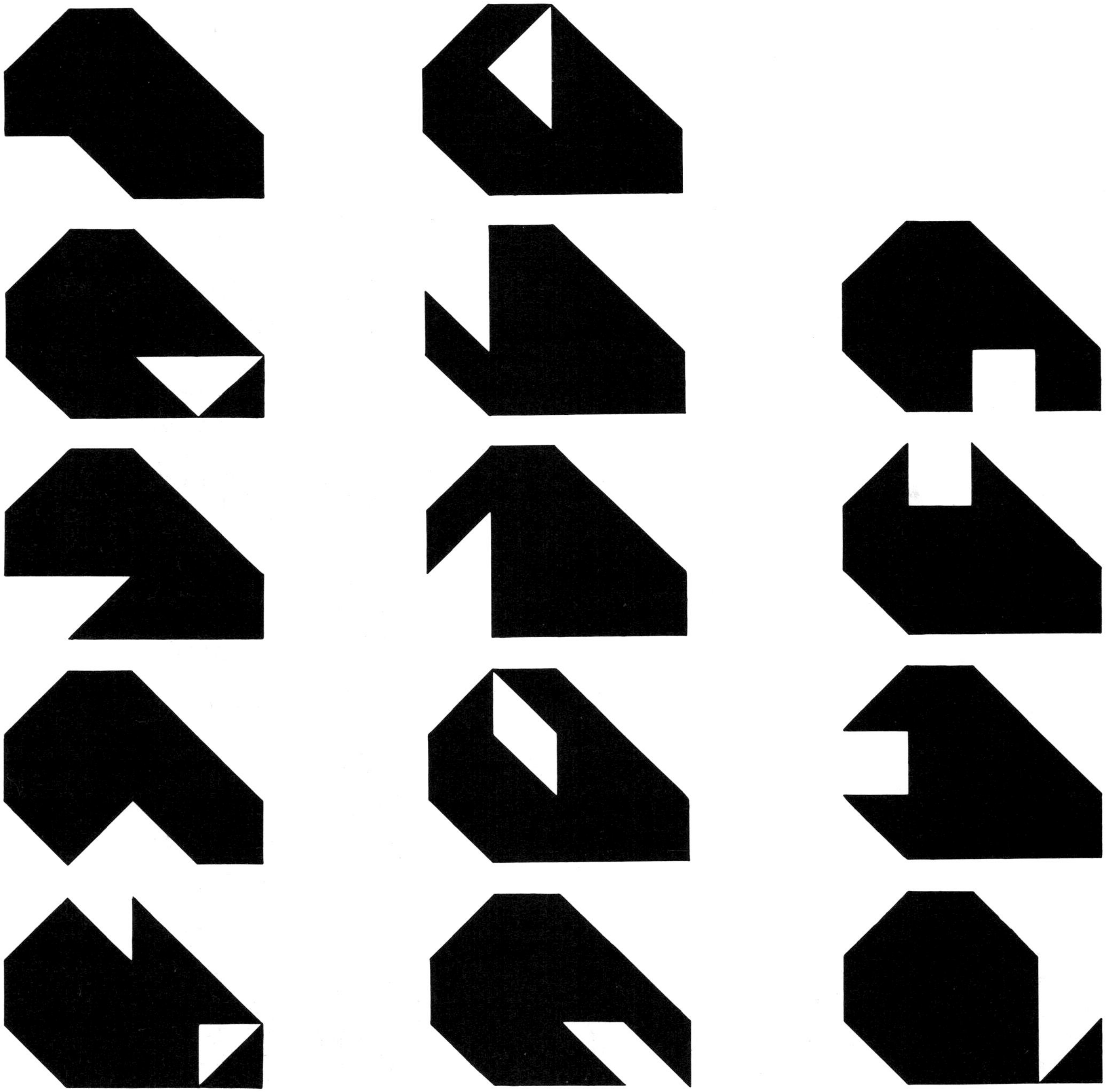

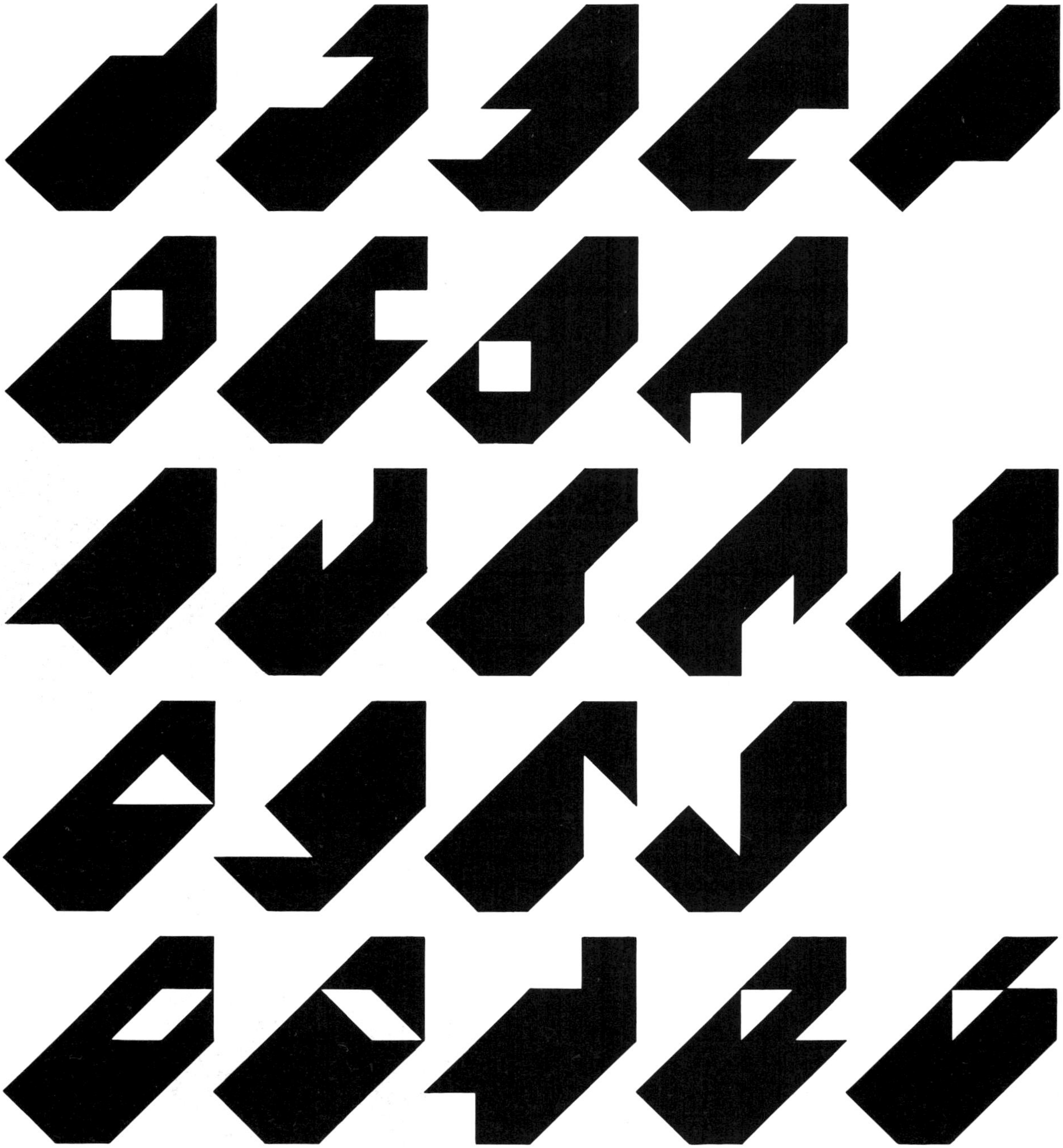

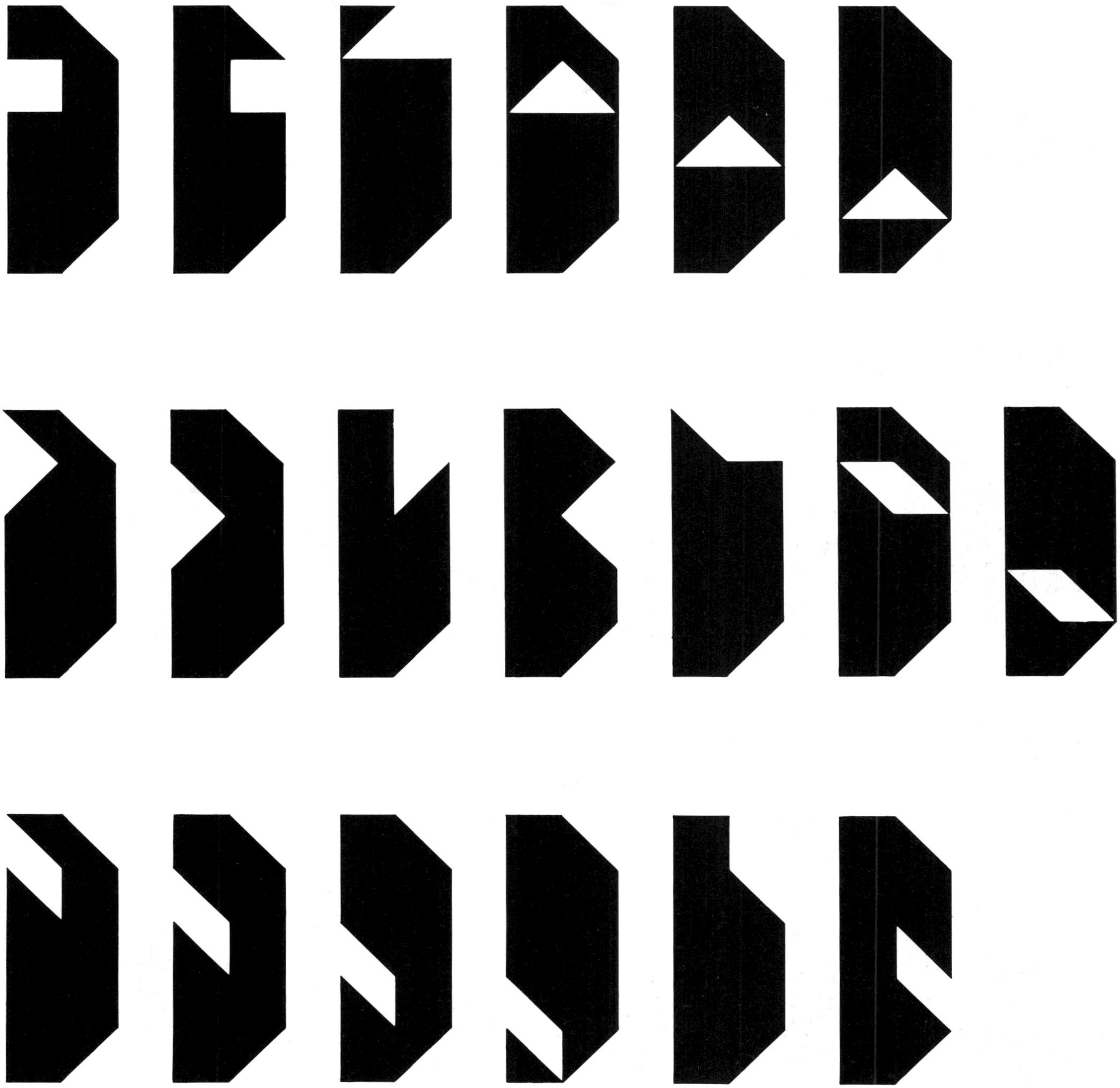

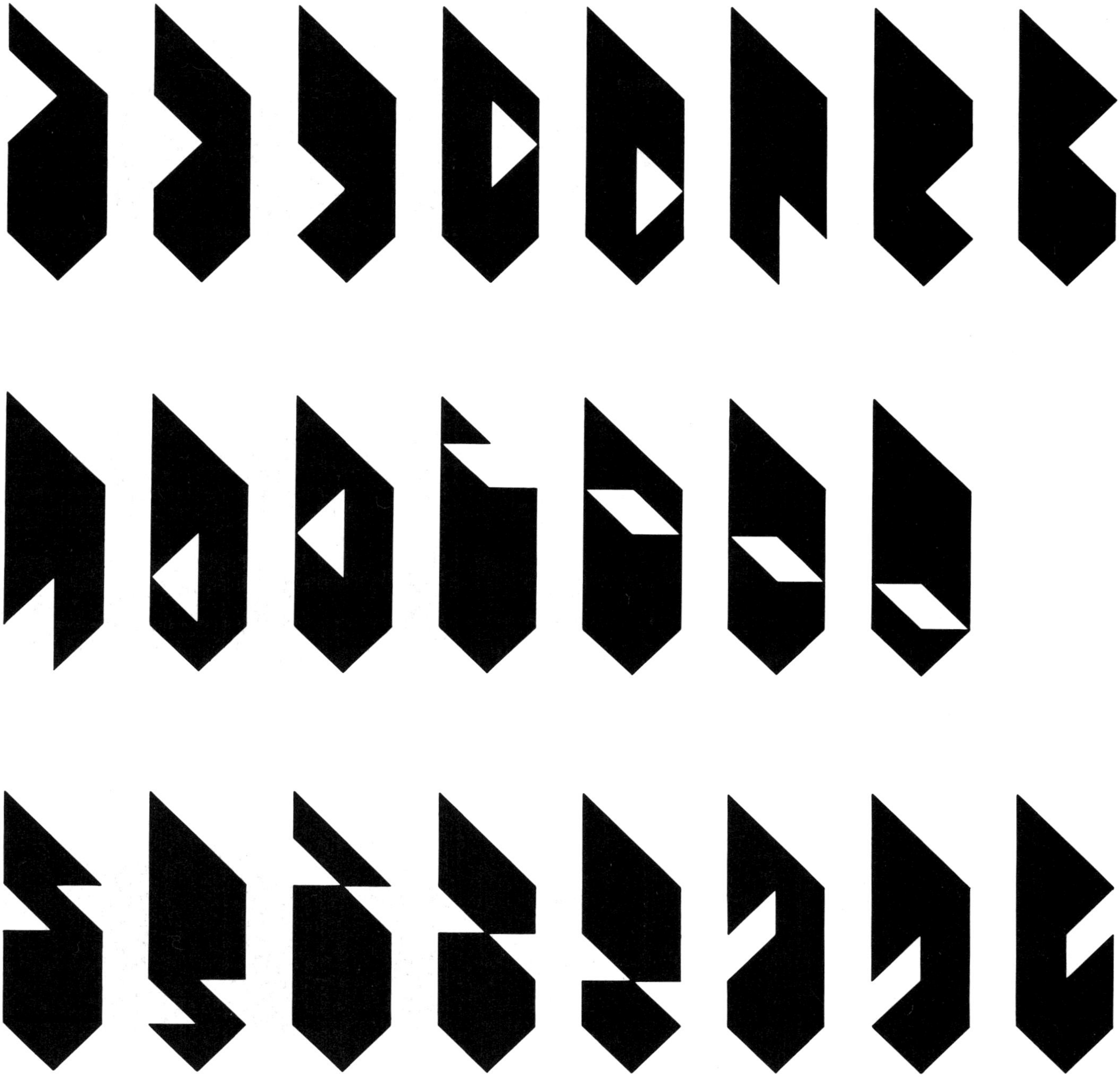

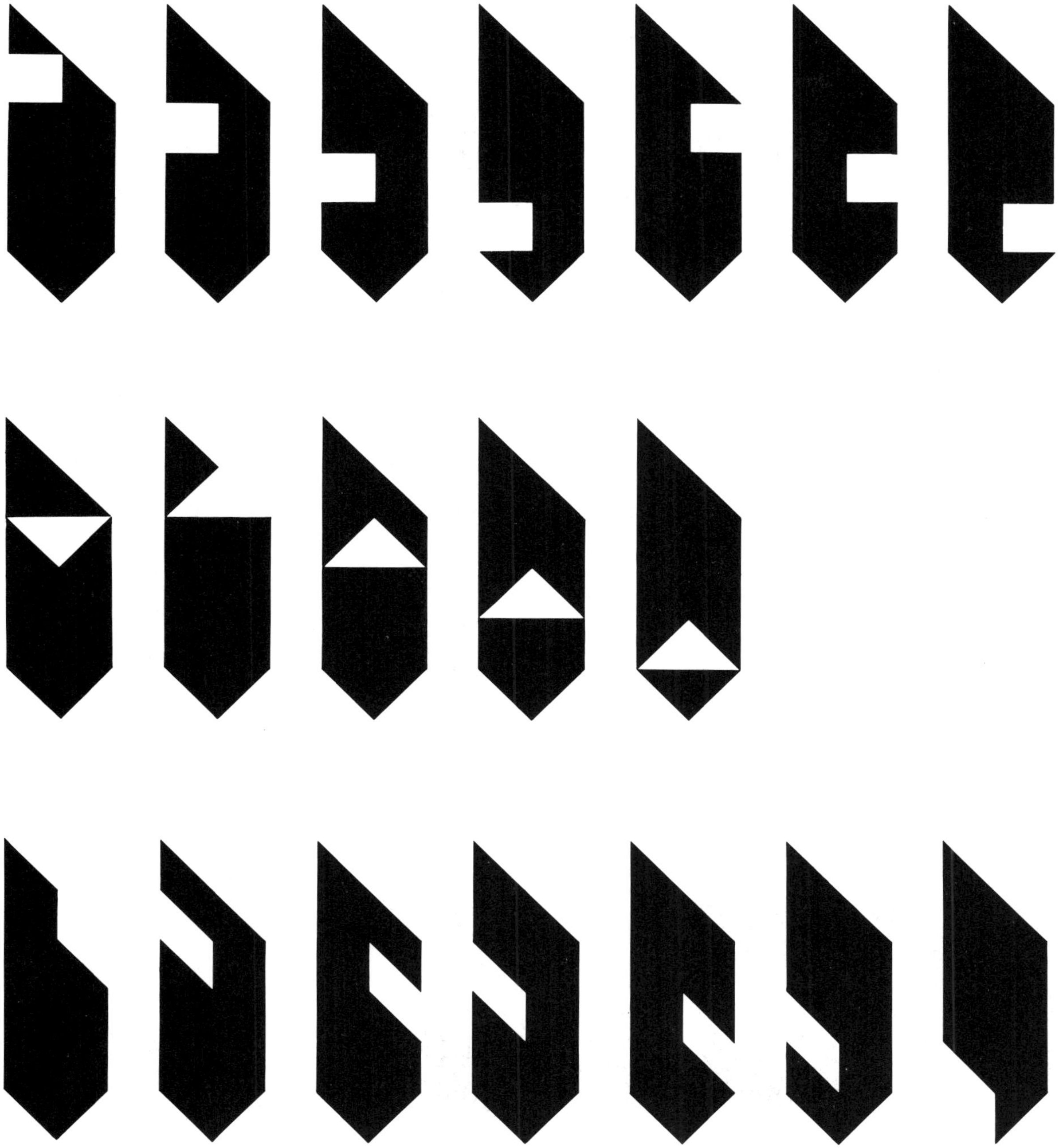

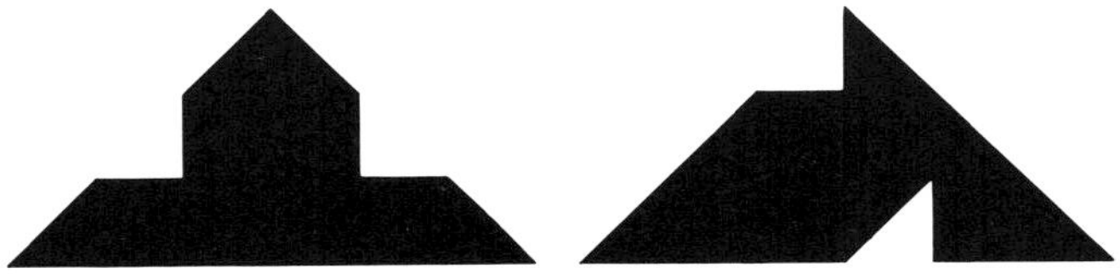

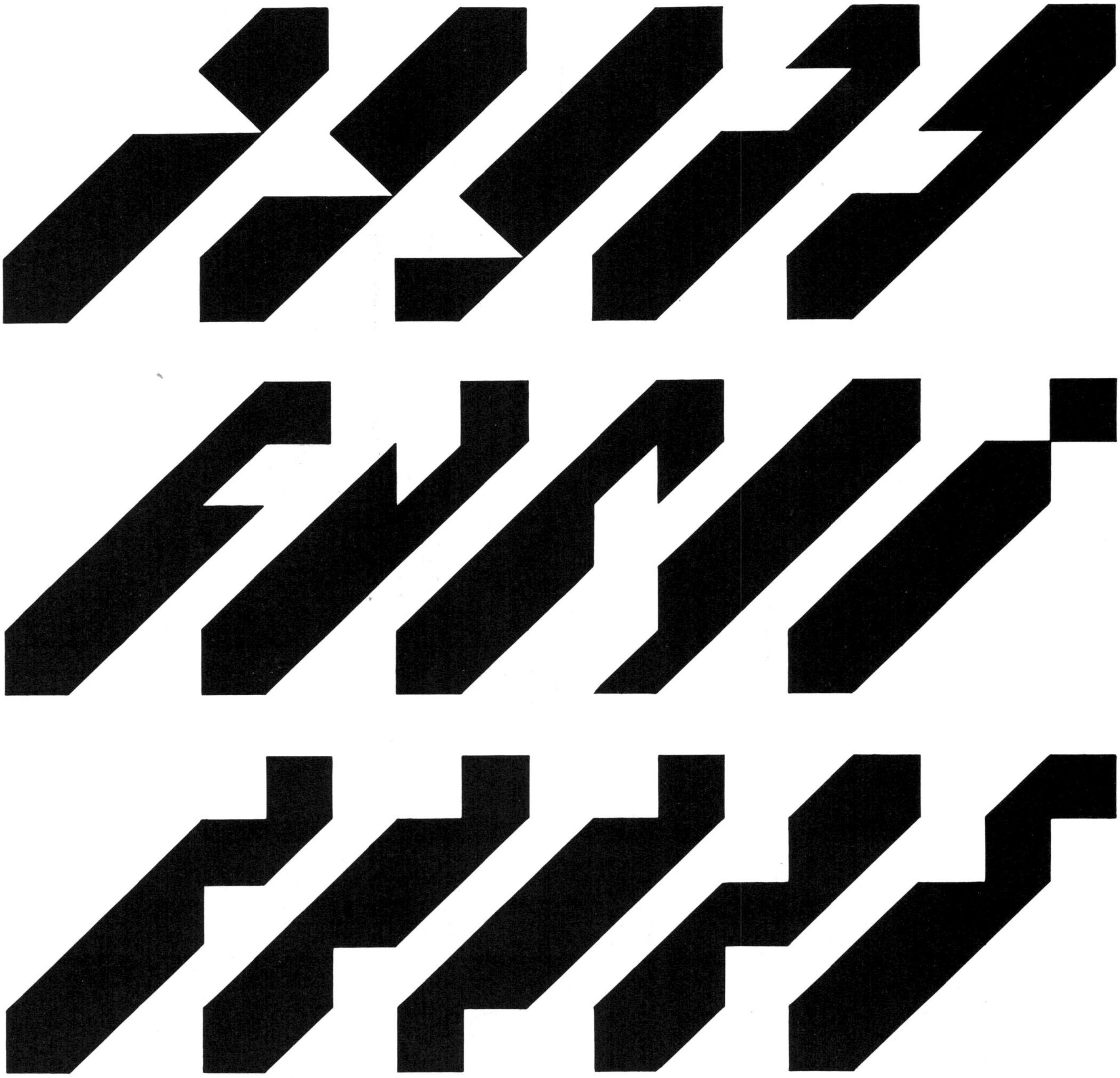

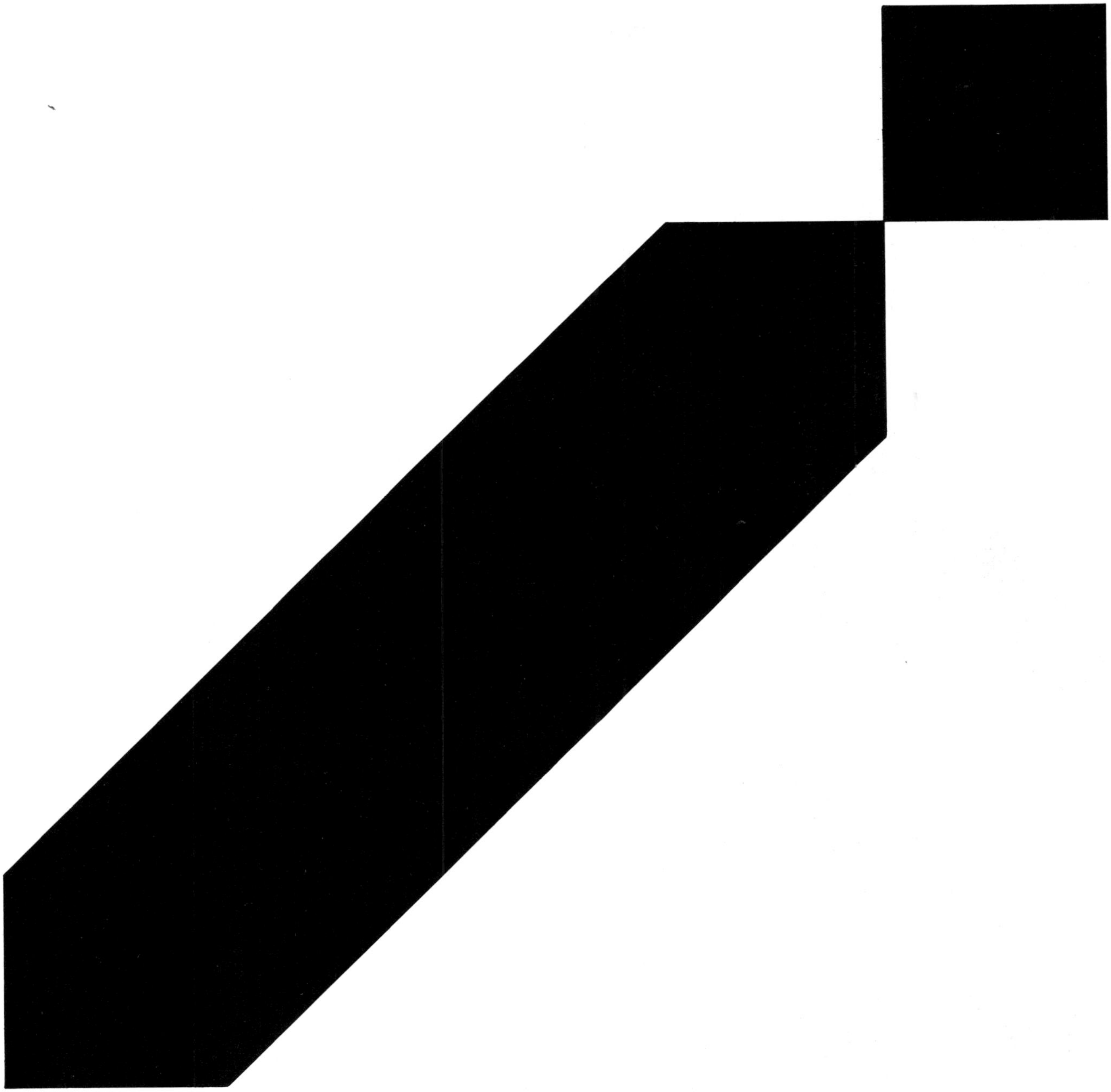

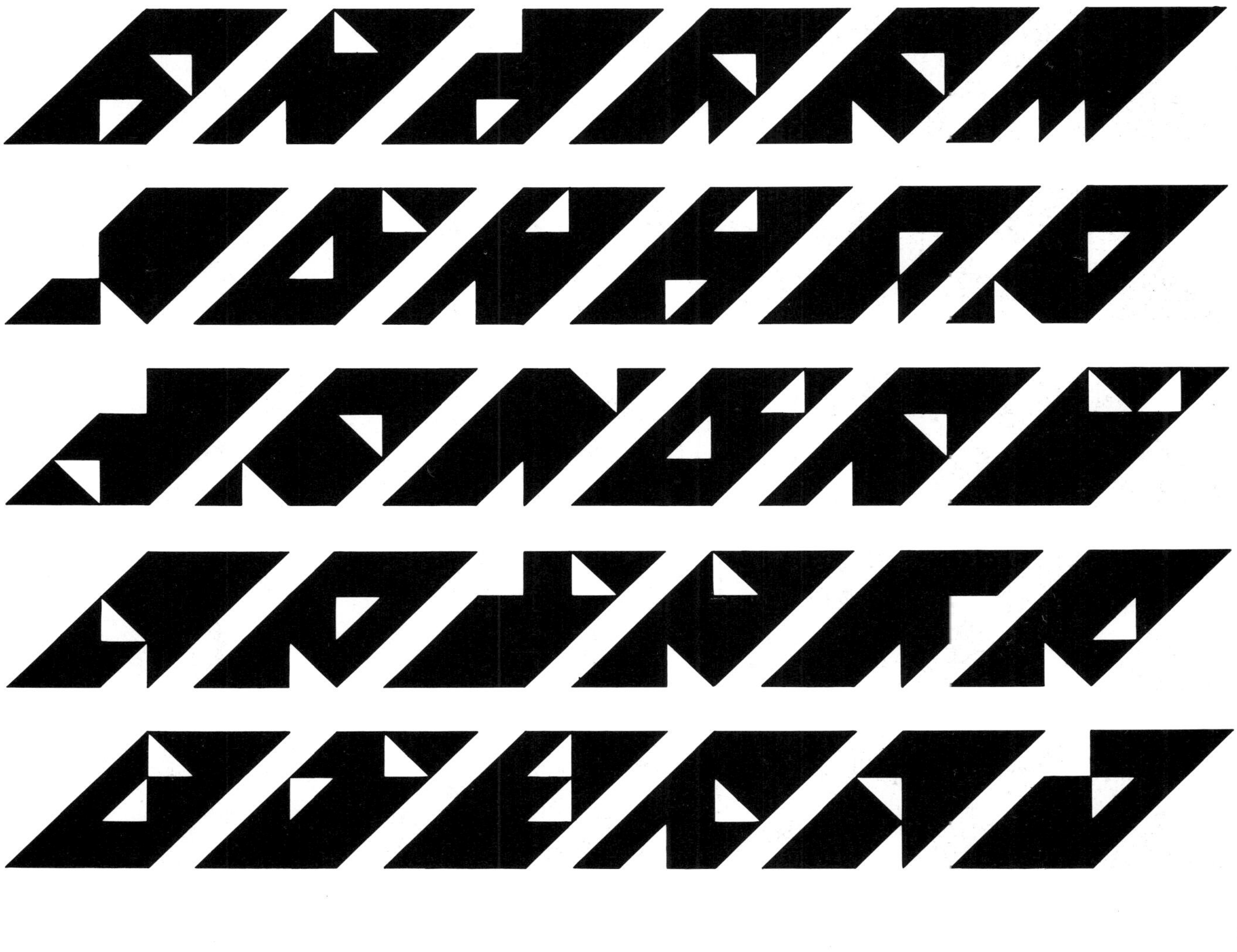

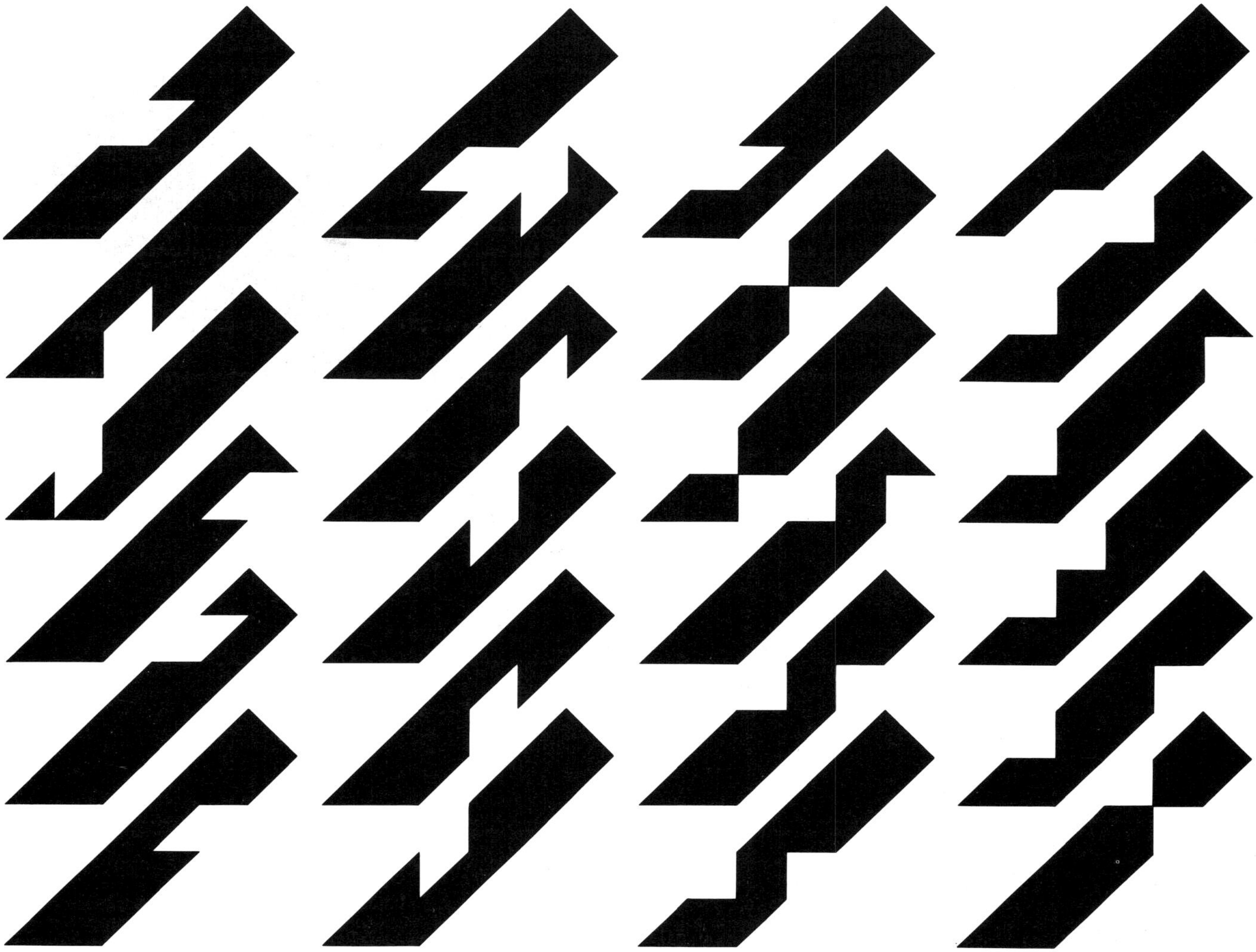

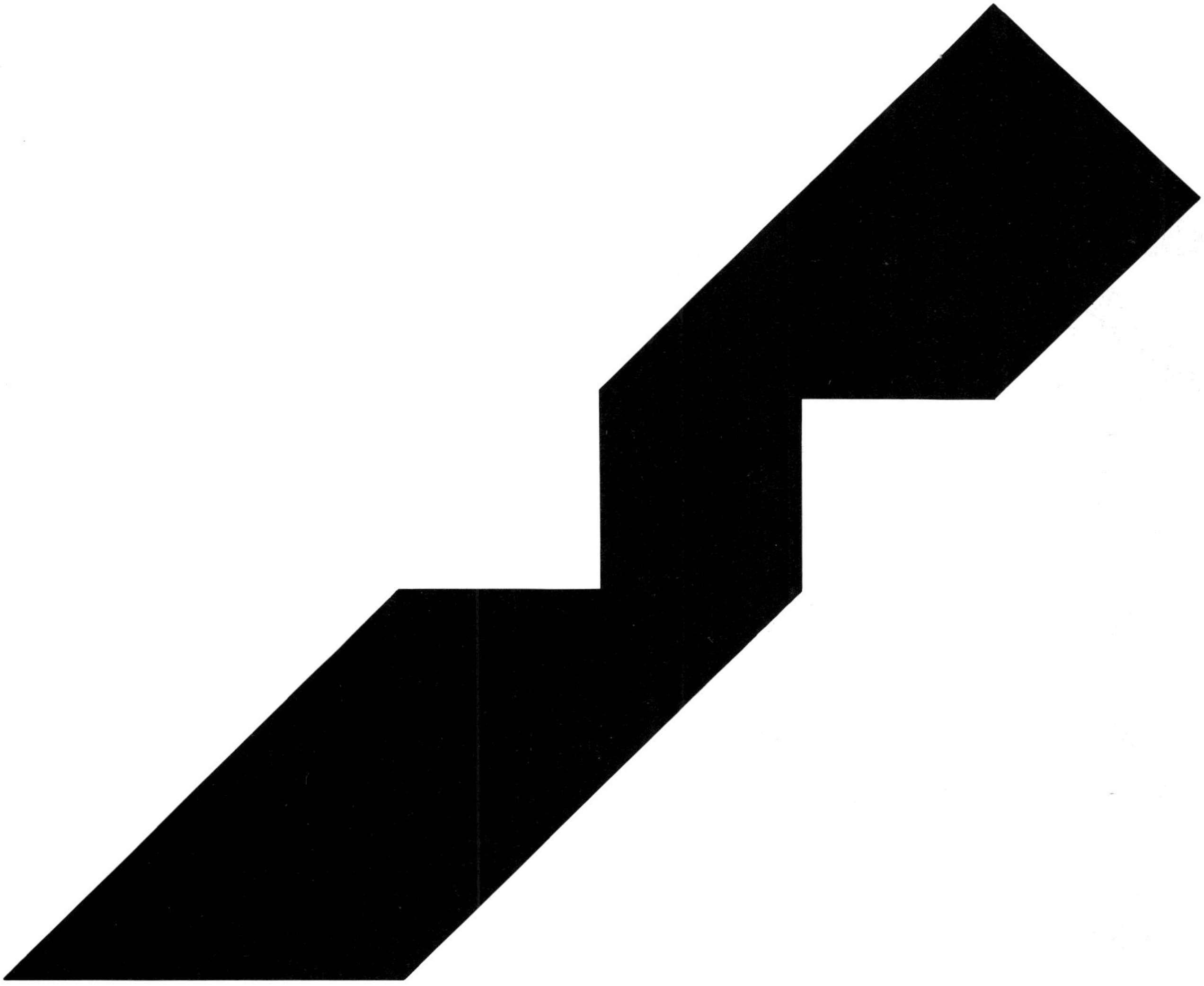

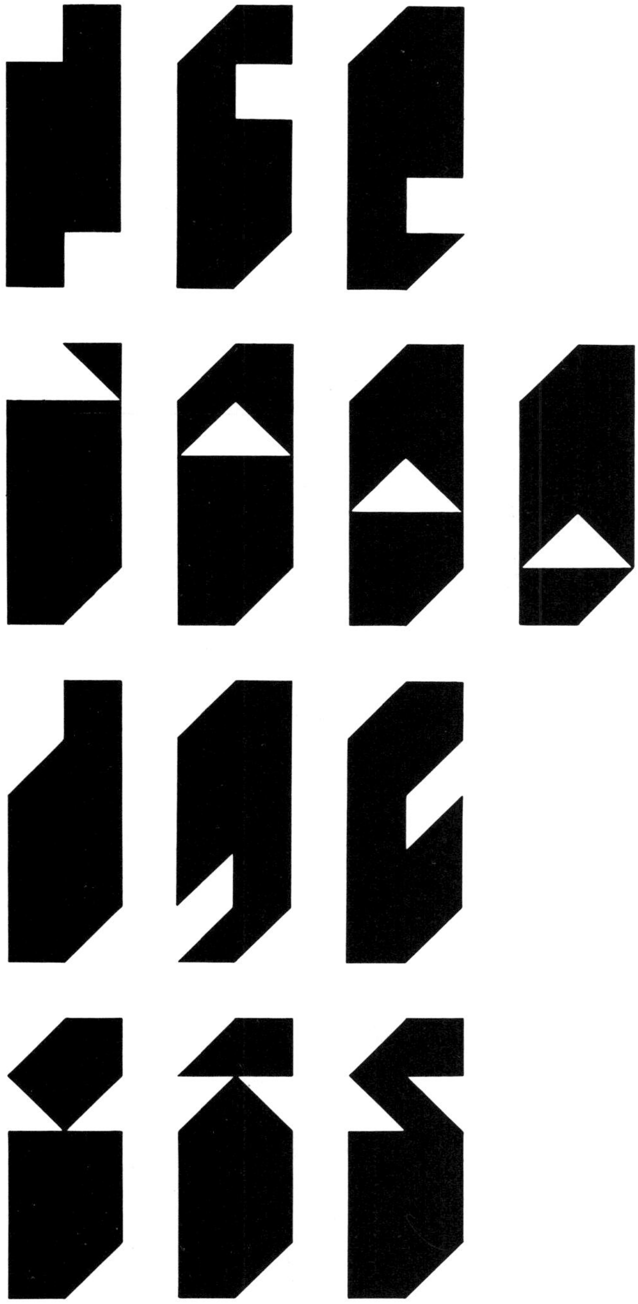

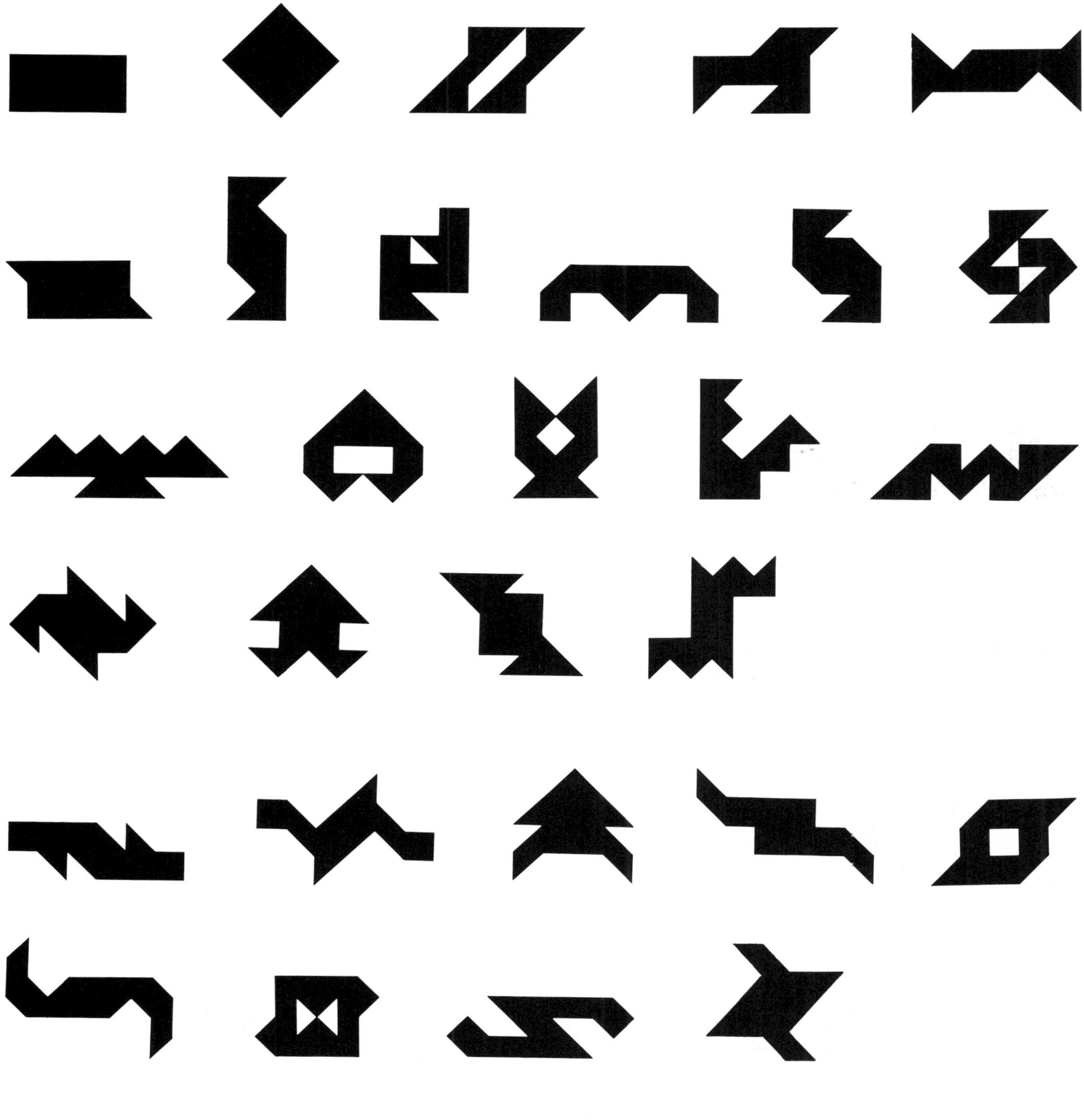

Auflösungen
Oplossingen

2

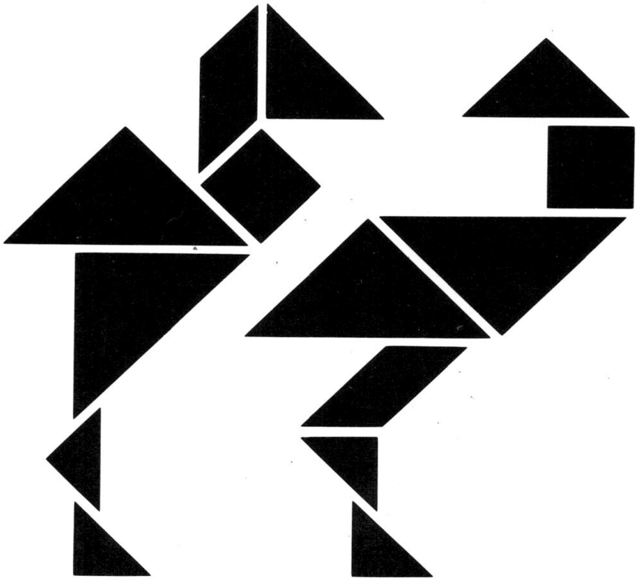

3

4

5

6

7

8

9

10

11

12

13

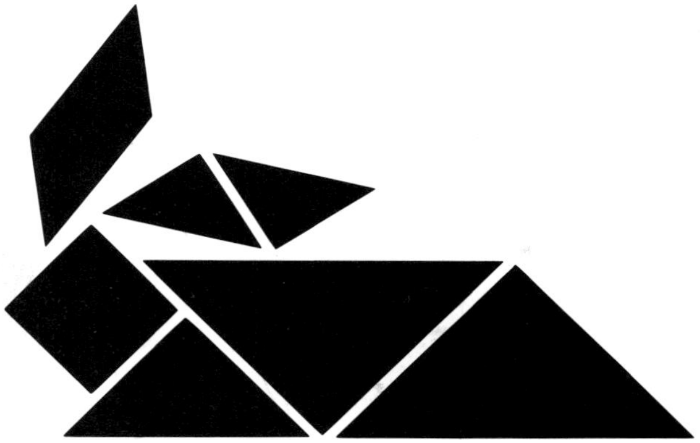

14

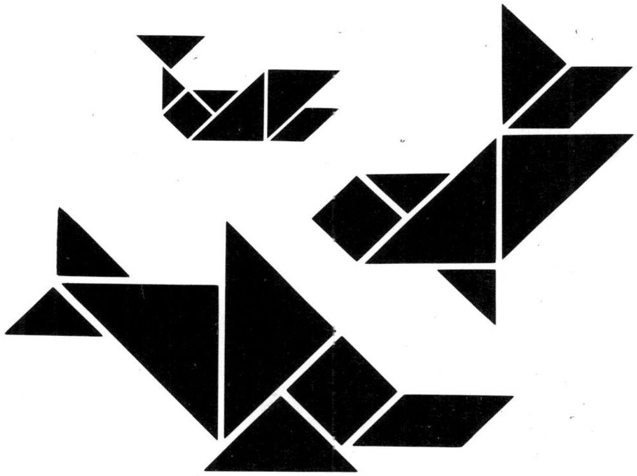

15

16

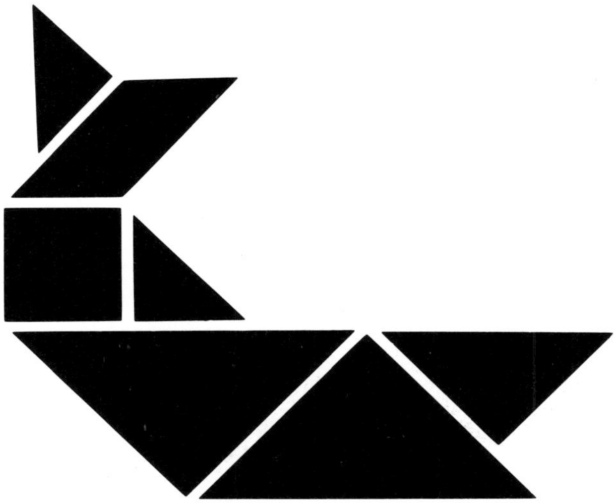

17

18

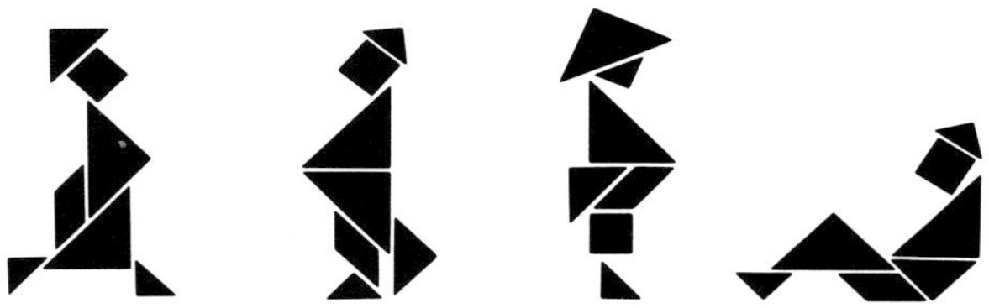

19

20

21

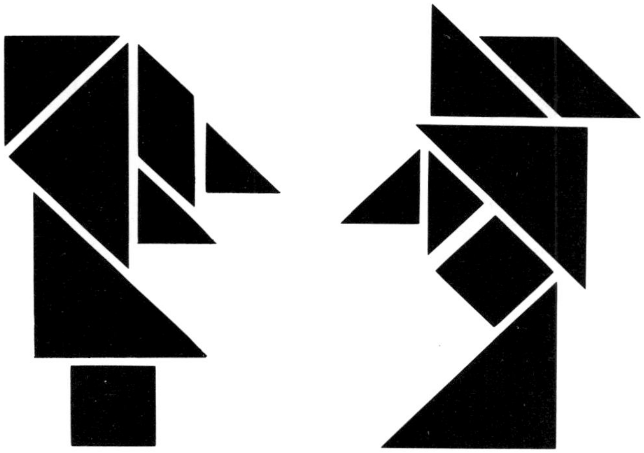

22

23

24

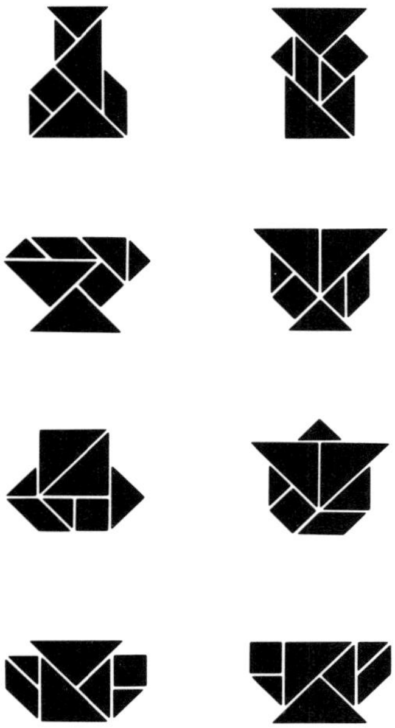

25

26

27

28

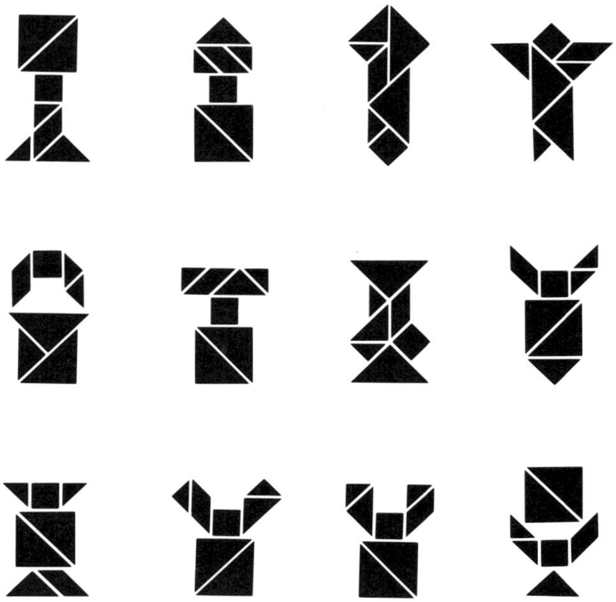

29

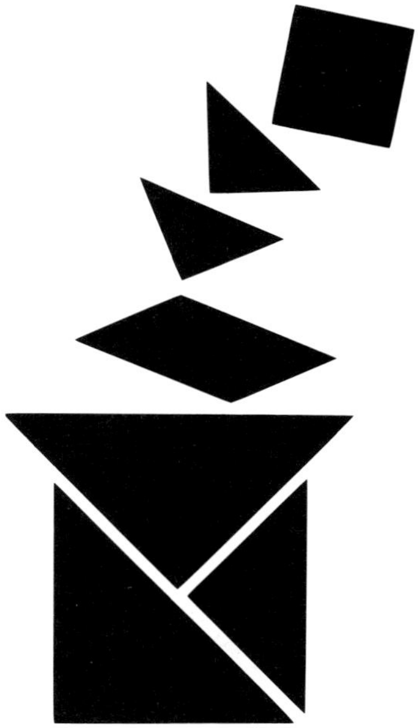

30

31

32

33

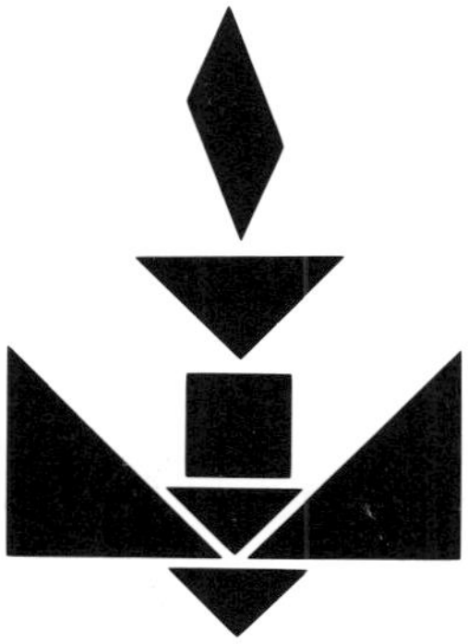

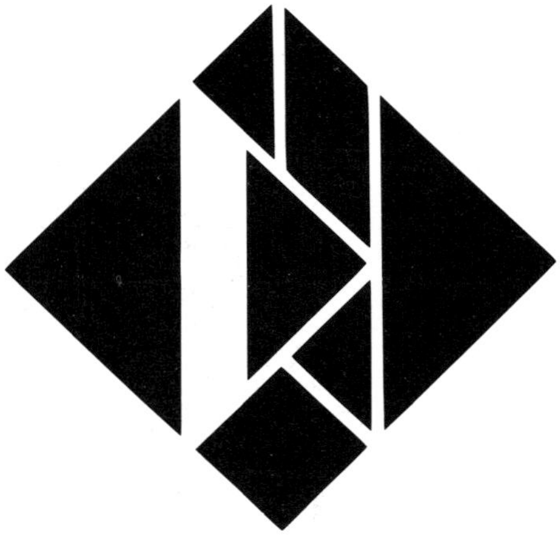

34

35

36

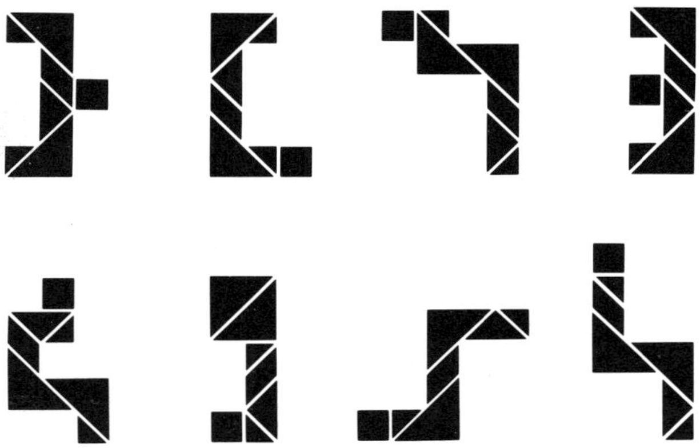

37

38

39

40

41

42

43

44

45

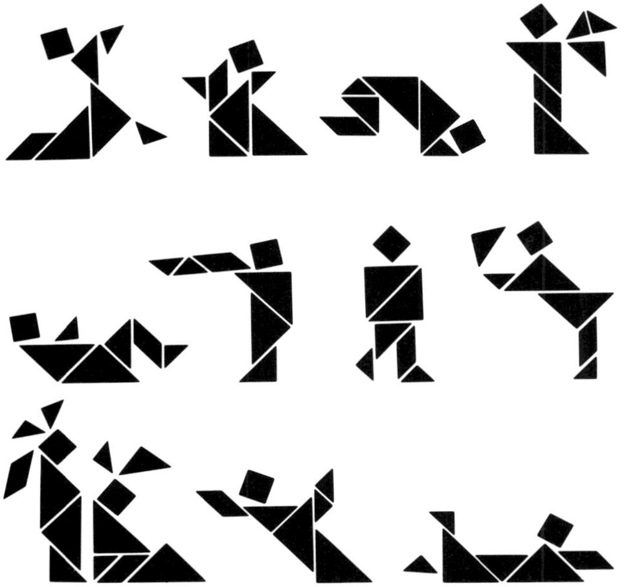

46

47

48

49

50

51

52

53

54

55

56

57

58

59

60

61

62

63

64

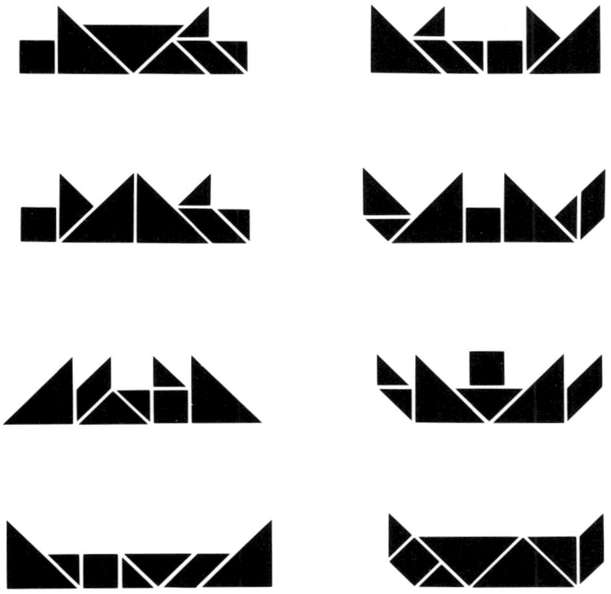

65

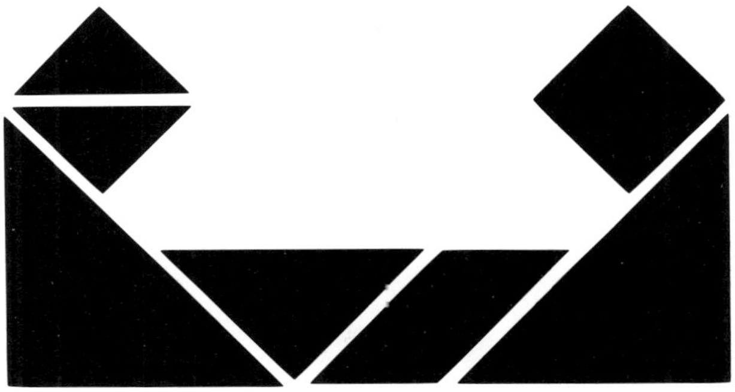

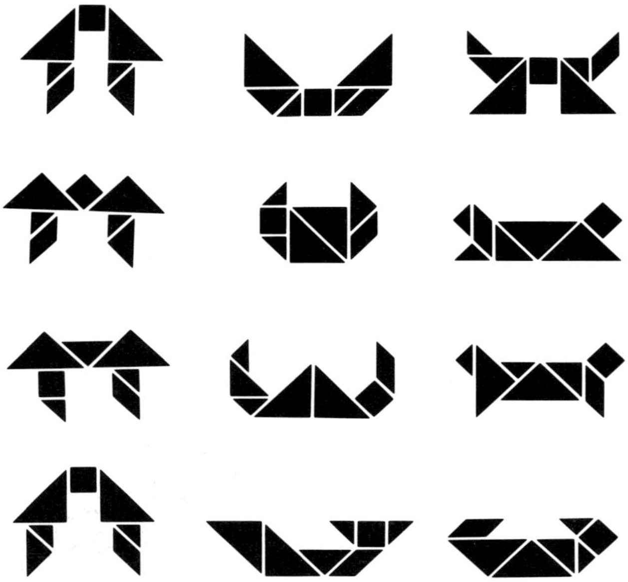

66

67

68

69

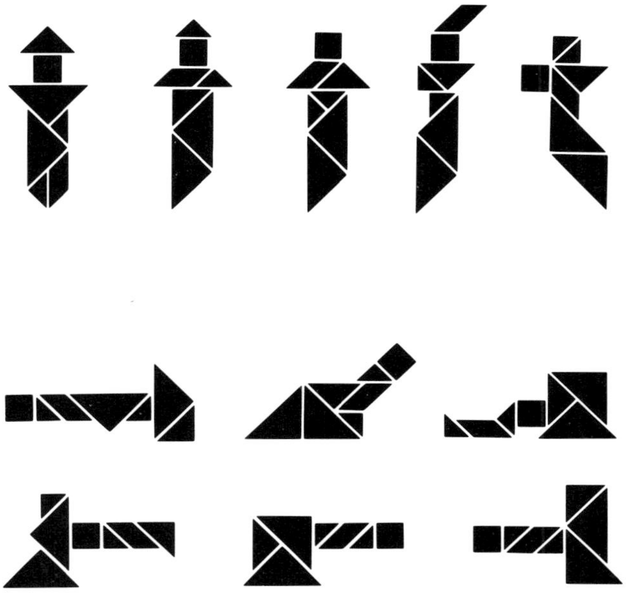

70

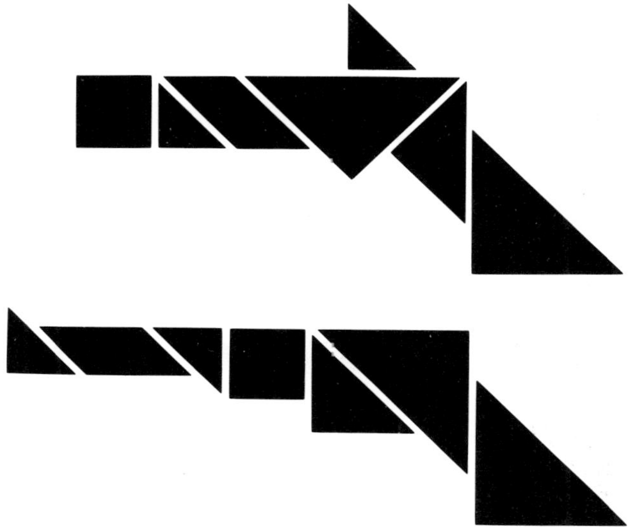

71

72

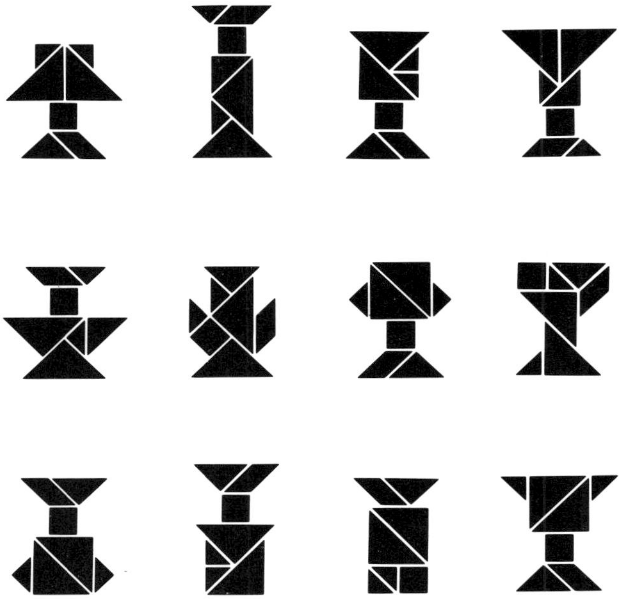

73

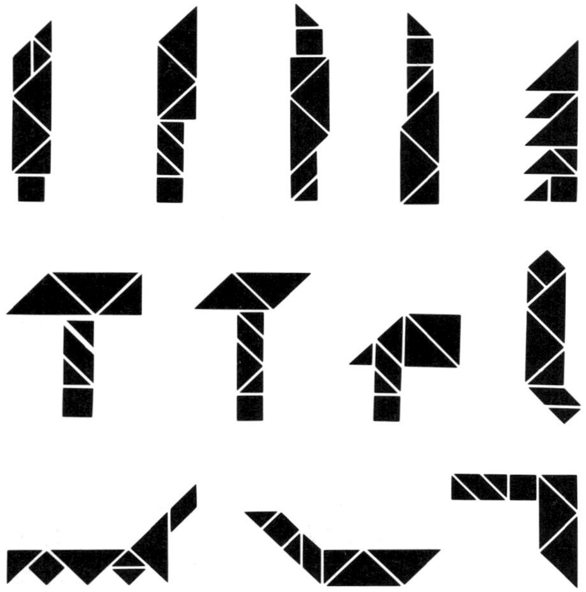

74

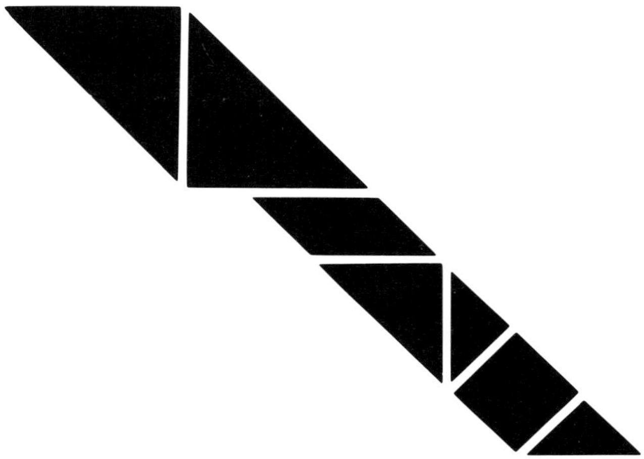

75

76

77

78

79

80

81

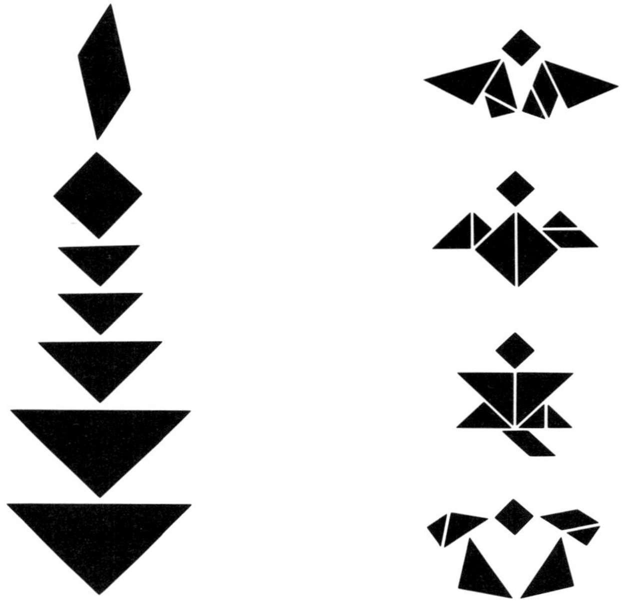

82

83

84

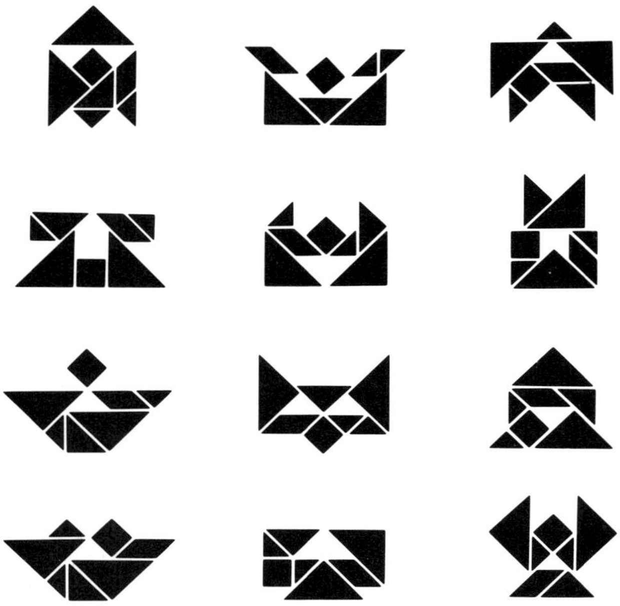

85

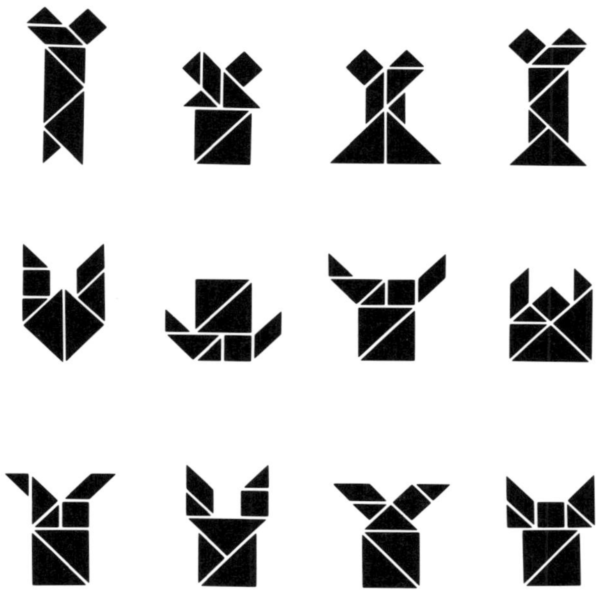

86

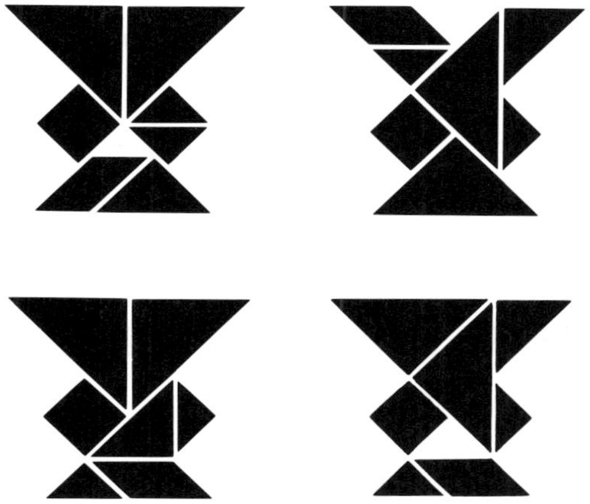

87

88

89

90

91

92

93

94

95

96

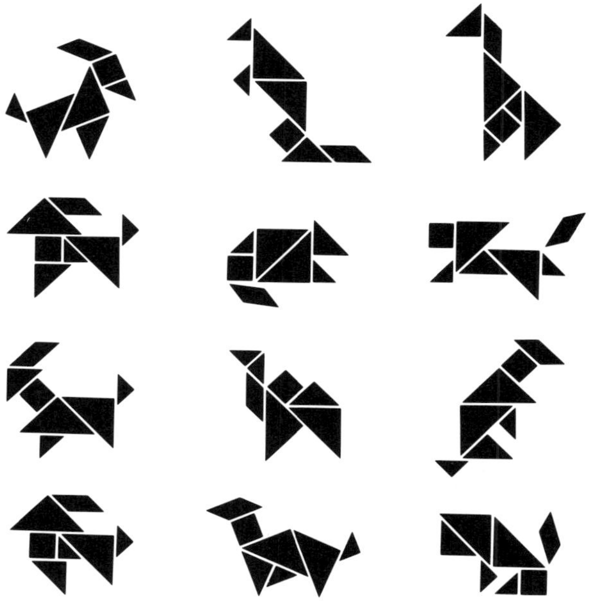

97

98

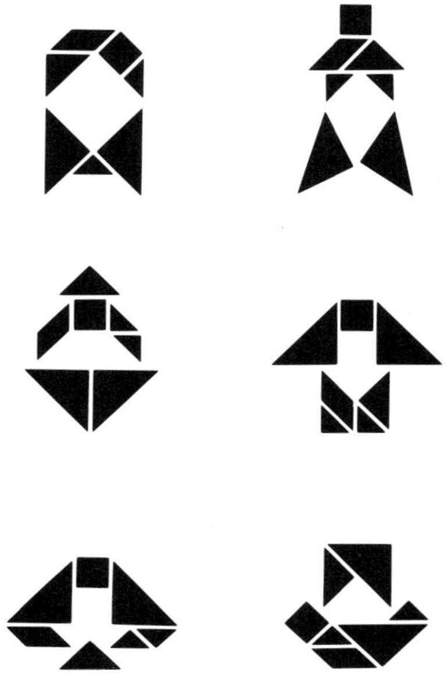

99

100

101

102

103

104

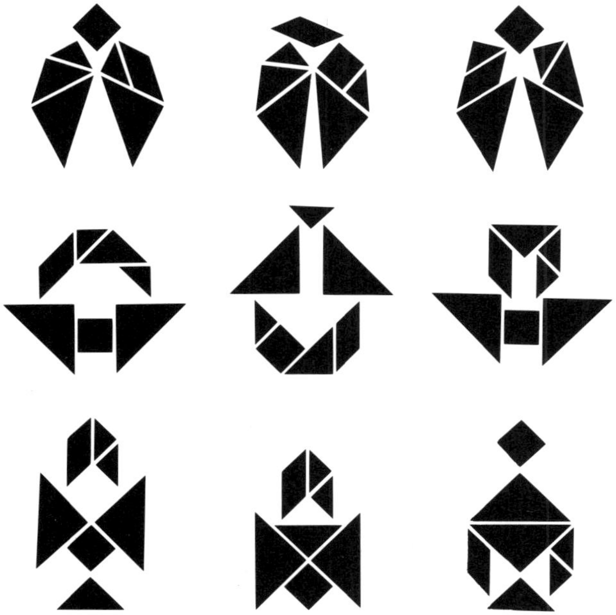

105

106

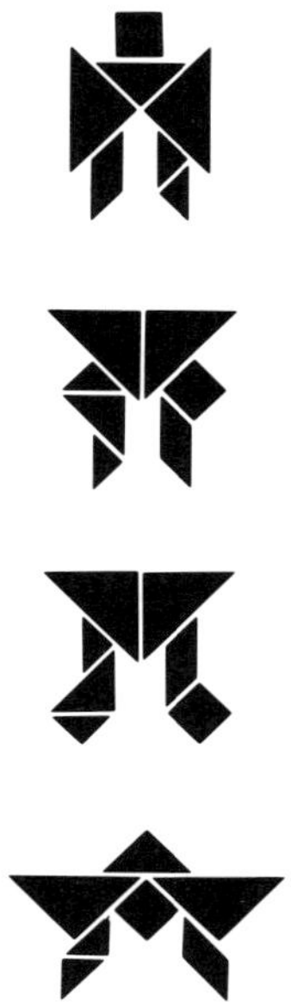

107

108

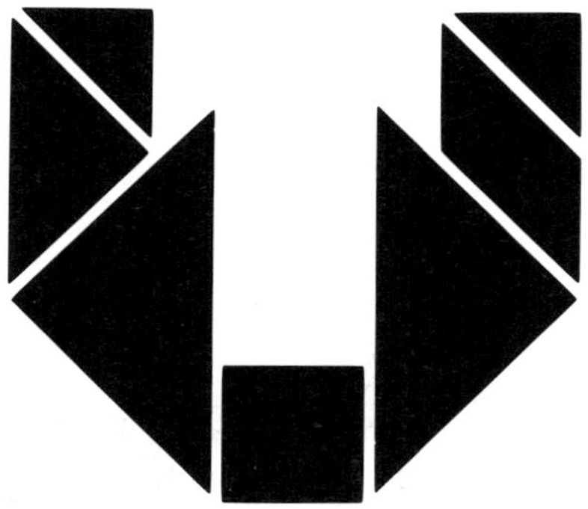

109

110

111

112

113

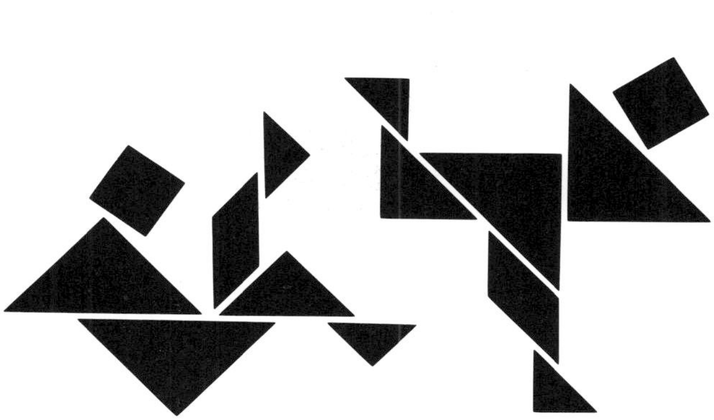

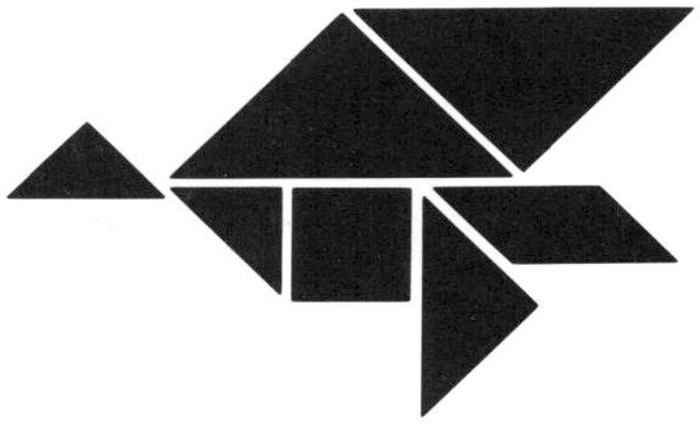

114

115

116

117

118

119

120

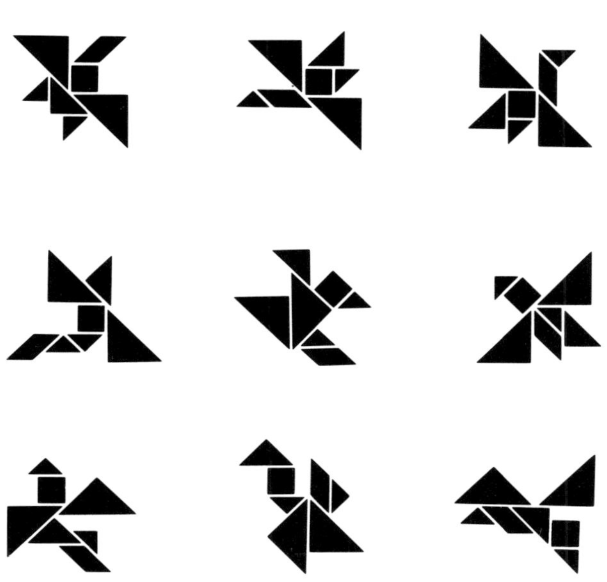

121

122

123

124

125

126

127

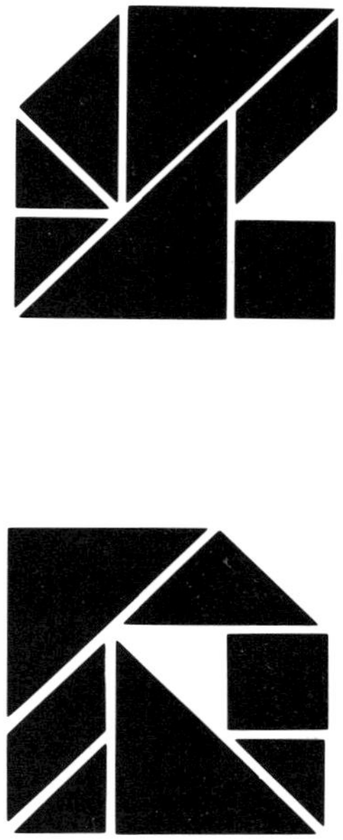

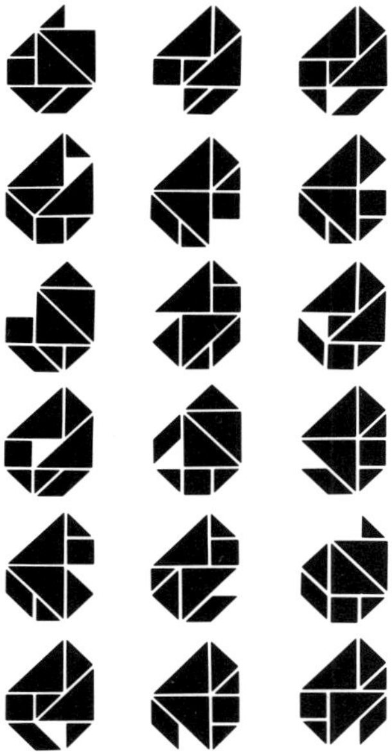

128

129

130

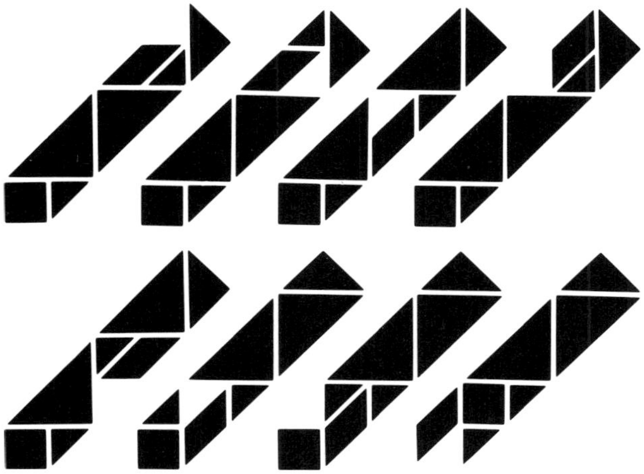

131

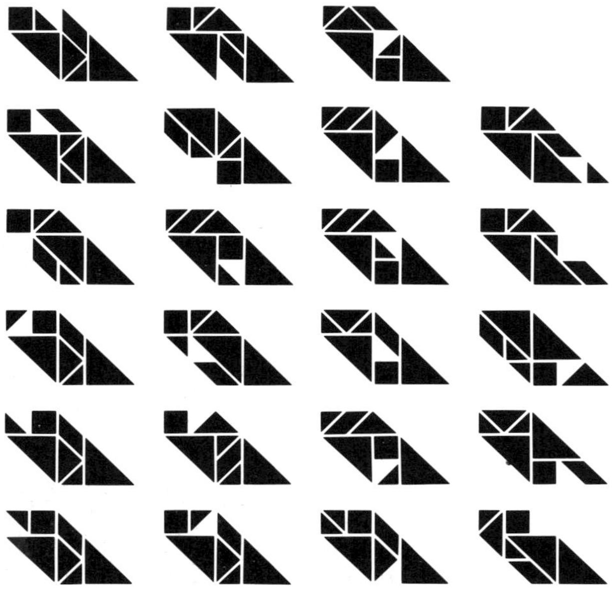

132

133

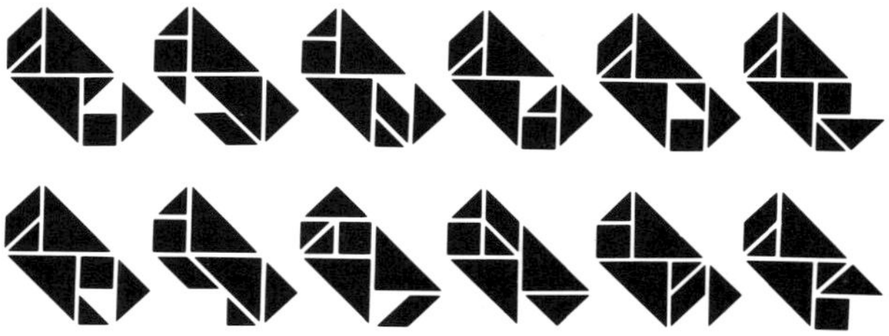

134

135

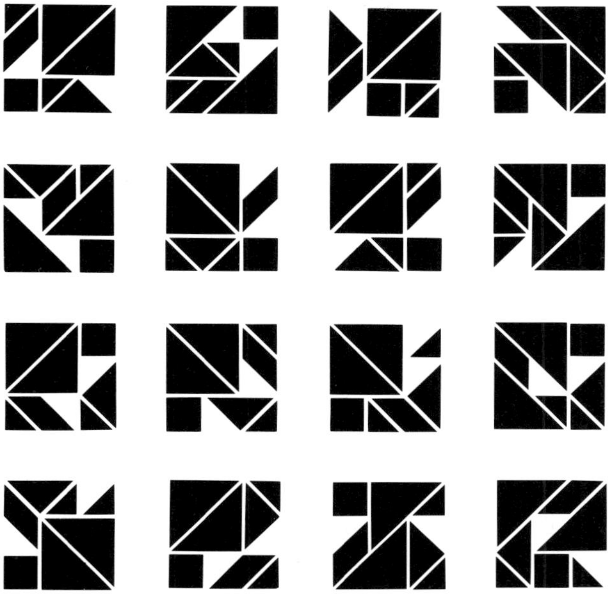

136

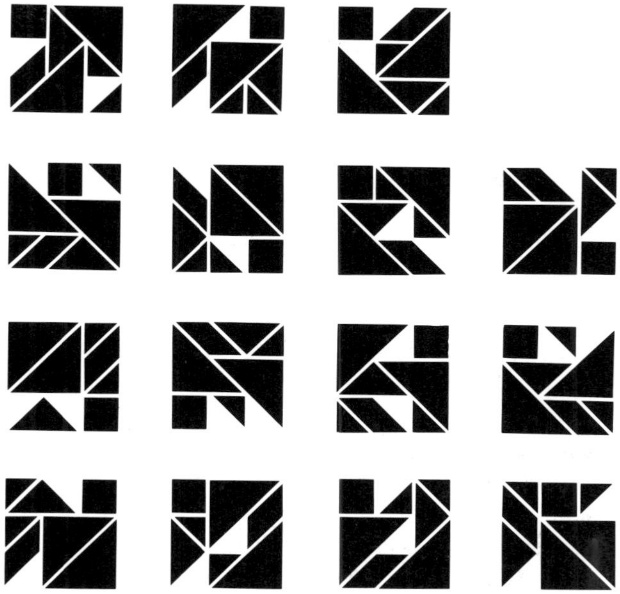

137

138

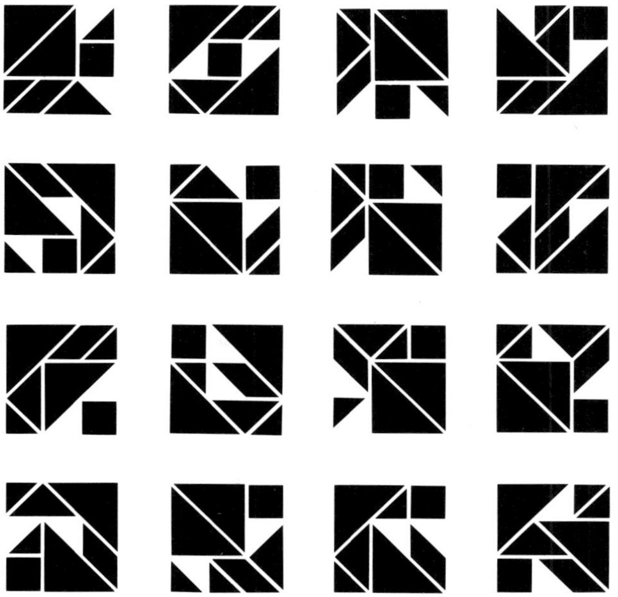

139

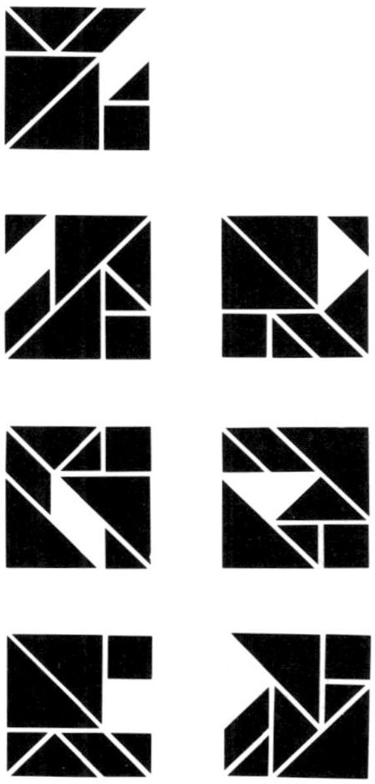

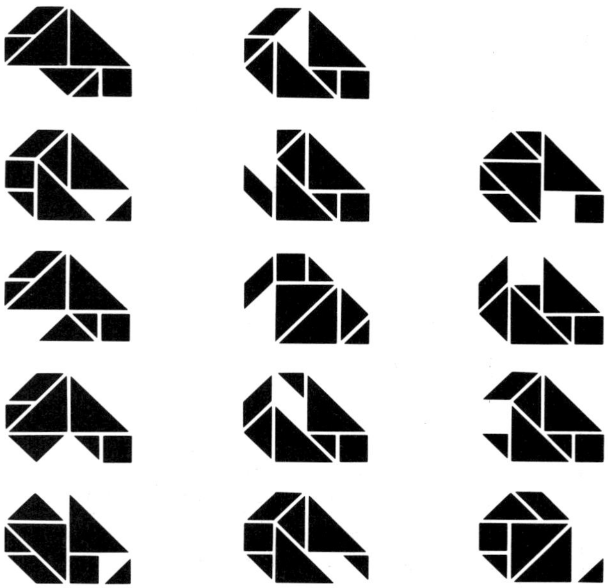

140

141

142

143

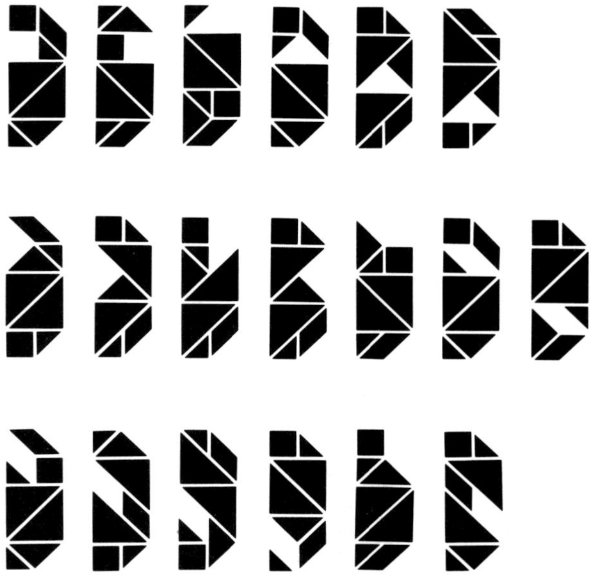

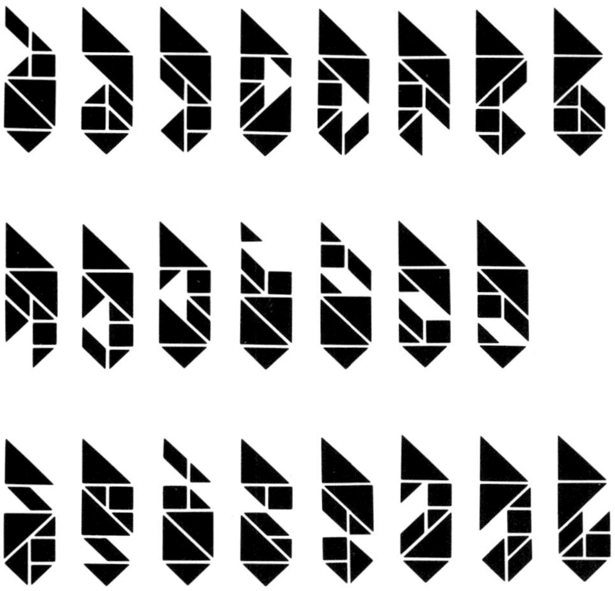

144

145

146

147

148

149

150

151

152

153

154

155

156

157

158

159

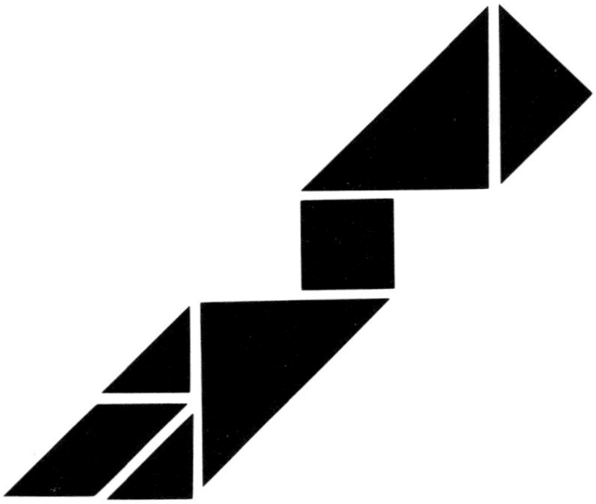

160

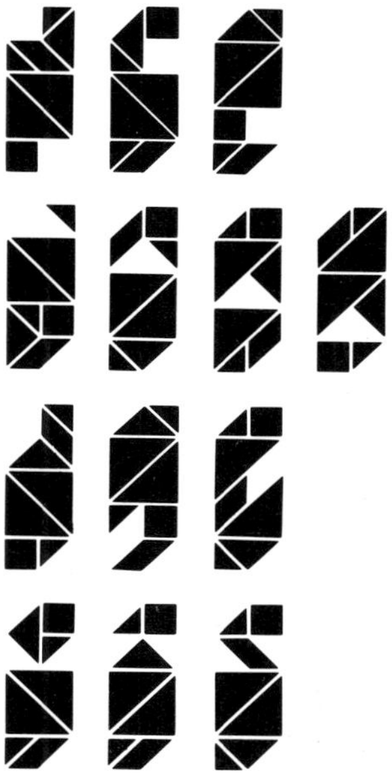

161

162

163

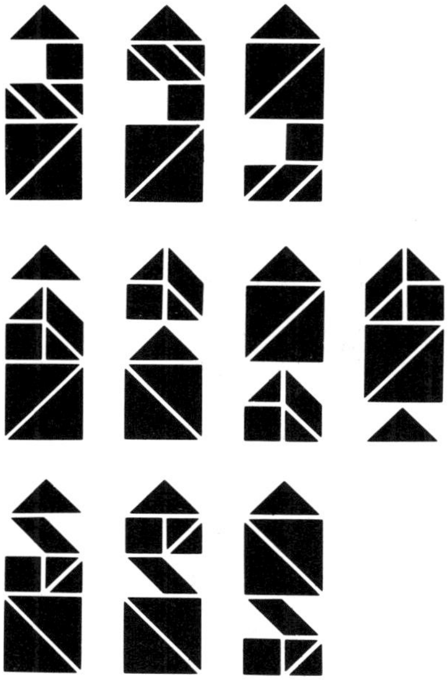

164

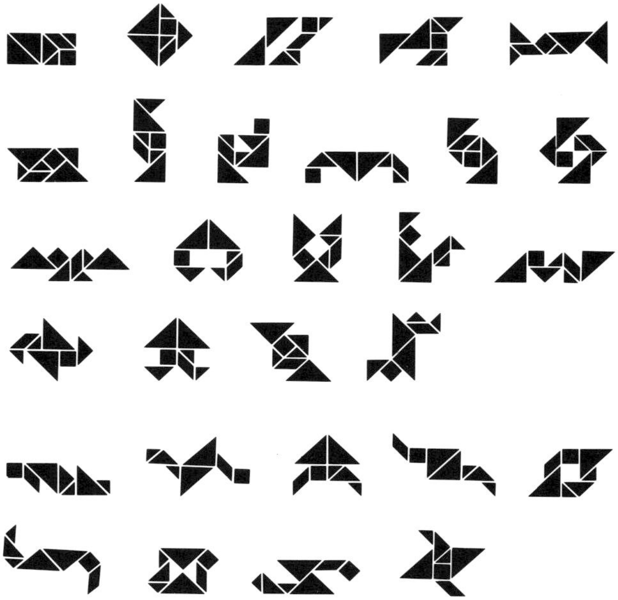
165

166

167

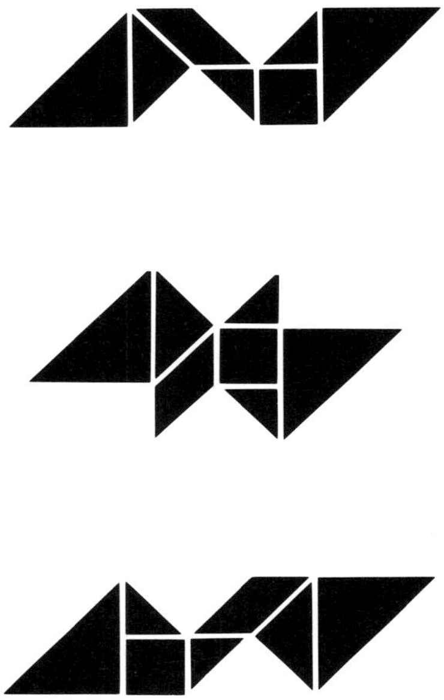

168

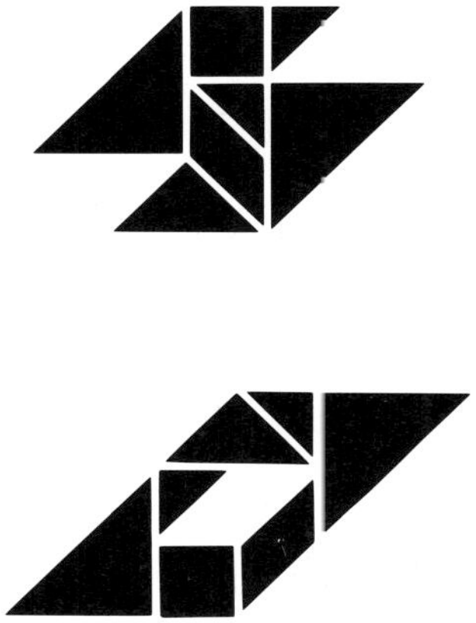

169